LE CHÔMAGE AU SÉNÉGAL

Problématiques et pistes de solutions

Elhadji Mounirou NDIAYE

LE CHÔMAGE AU SÉNÉGAL

Problématiques et pistes de solutions

Préface du Pr Ibrahima THIAM

L'Harmattan Sénégal

Du même auteur

Quelles alternatives économiques au Sénégal ? une contribution programmatique. L'Harmattan. Septembre 2018.

Économie du Sénégal : Revues analytiques transversales. L'Harmattan. Juillet. 2016

SONATEL et le pacte libéral du Sénégal. L'harmattan. Mai 2012

L'économie sénégalaise : enjeux et problématiques. L'Harmattan. Novembre 2010

10 VDN, Sicap Amitié 3, Lotissement Cité Police, DAKAR

Direction@senharmattan.com
librairie@senlibrairie.com

ISBN: 978-2-336-43386-8
EAN : 9782336433868

Préface

Le chômage au Sénégal : problématiques et pistes de solutions

Pr El Hadji Mounirou NDIAYE est un universitaire très engagé sur les questions économiques, notamment dans les pays en développement, en particulier au Sénégal. Suivant la logique de ses ouvrages antérieurs, ce livre permet de comprendre le chômage et ses déterminants au Sénégal avec des propositions de solutions pour des emplois décents et stables.

L'auteur explique que les indicateurs macroéconomiques ont évolué positivement avec l'exécution du Plan Sénégal Émergent (PSE) amorcée en 2014, mais que sur la réponse à la demande sociale, l'économie sénégalaise stagne depuis quatre décennies. L'auteur met l'accent sur la vulnérabilité du pays face aux chocs exogènes et les limites du PSE sur l'objectif de transformation structurelle. Il préconise, par conséquent, des actions concrètes pour la mise en œuvre de la phase 3 du PSE pour une création d'emplois à travers une création de richesse.

L'ouvrage permet de comprendre les dynamiques des différentes politiques de l'emploi au Sénégal depuis les années quatre-vingt ainsi que le lien entre l'échec de ces politiques et l'émigration clandestine, constat valable pour les autres pays africains. Il aborde, ainsi, le lien entre le chômage et le capitalisme, la révolution numérique et l'intelligence artificielle, et préconise une refondation de l'économie sénégalaise avec plusieurs leviers à activer à la fois au plan public que privé afin de « sortir du cercle vicieux de la croissance économique au service du capital étranger ».

C'est un ouvrage agréable à lire avec une rigueur scientifique et pédagogique. Il s'agit d'une analyse sans complaisance des politiques de l'emploi avec une reconnaissance des efforts des différents régimes qui se sont succédé depuis l'indépendance du Sénégal, mais qui se sont soldés malheureusement par des échecs.

L'ouvrage est destiné aux étudiants, aux entrepreneurs et aux acteurs politiques qui y trouveront des propositions concrètes pour une mise en œuvre efficace de la politique de l'emploi au Sénégal et dans les autres pays en développement.

Bonne lecture à tous

Pr Ibrahima THIAM

Directeur de l'UFR SES/UIDT

INTRODUCTION

L'économie sénégalaise traine trois grandes difficultés majeures intimement liées : le chômage massif des jeunes, la persistance de la pauvreté et sa grande vulnérabilité face aux chocs exogènes comme l'illustrent la pandémie de la Covid-19 en 2020 et la guerre russo-ukrainienne actuelle. Si elle ne recule pas, c'est du point de vue des indicateurs macroéconomiques qui ont évolué positivement avec l'exécution du Plan Sénégal Émergeant (PSE) amorcée en 2014. La croissance économique moyenne est passée de 3 % entre 2007 et 2011 à 6 % dans la période 2014-2021 sous l'effet des actions menées dans le cadre du PSE. Le revenu par habitant du Sénégal est passé de 1330 US Dollars en 2012 à 1450 USD en 2019 permettant au pays de se maintenir dans la catégorie des pays à revenus intermédiaires de la tranche inférieure (LMIC)[1].

Mais, sur la réponse à la demande sociale, l'économie du Sénégal stagne depuis les années 80 du fait d'un défaut notoire d'anticipations et de résilience face aux besoins croissants d'une population évoluant au taux moyen de près de 3 % par an et un environnement international défavorable. En 2012, l'incidence de pauvreté était en moyenne de 47 % de la population, soit 26 % à Dakar, 43,3 % dans les autres villes du pays et 57,3 % en milieu rural (Ansd, 2011). D'autres enquêtes menées en 2014

---

[1] Low Middle Income Countries : le minimum de revenu par habitant requis est de1036 USD en 2020).

montrent que la pauvreté perçue est encore plus importante avec 69 % des ménages ruraux se déclarant comme pauvres, dont 53,2 % qui se considèrent comme très pauvres (Ansd, 2015). Actuellement, l'incidence de pauvreté se situe en moyenne à 37 % de la population et à plus de 55 % dans les zones rurales. Sous l'angle des revenus distribués et du pouvoir d'achat des ménages, le niveau de la pauvreté est intimement lié à celui de l'emploi. Le chômage a maintenant atteint un niveau alarmant qui nécessite des solutions urgentes.

Le constat de départ pour la reformulation d'une nouvelle politique de l'emploi est que le PSE n'a pas réussi son objectif central de *transformation structurelle de l'économie sénégalaise* qui est restée dominée par le capital étranger et un secteur informel qui génère, malgré sa vulnérabilité, 48 % des valeurs ajoutées du pays. L'économie sénégalaise reste, ainsi, très vulnérable face aux chocs exogènes. En 2020, il a fallu tout arrêter pour faire face à la covid-19 avec des dépenses imprévues de 771 milliards de francs CFA et il a fallu, ensuite, débourser jusqu'à 775 milliards de francs CFA de subventions pour faire face aux conséquences inflationnistes de la guerre russo-ukrainienne. Si l'économie sénégalaise reposait sur de fortes structures endogéneisées et introverties, il n'y aurait pas besoin de tous ces fonds de résilience qui auraient pu permettre d'aller loin dans la transformation structurelle. Il y a eu en moyenne 6 % de croissance annuelle durant la phase 1 du PSE (2014-2021), mais cette croissance n'a ni été inclusive, ni créatrice d'emplois, ni susceptible de juguler la vulnérabilité de l'économie.

La croissance économique s'accompagne habituellement de changements importants qui se manifestent par un déplacement des ressources des secteurs traditionnels vers les secteurs modernes. Là est le point de départ d'une véritable transformation structurelle de l'économie, qui doit être comprise, selon McMillan et Rodric (2011), comme le changement structurel propice à la croissance résultant de la réaffectation des ressources d'activités à faible productivité vers des activités à forte productivité intra-sectorielle et intersectorielle. Deux éléments essentiels entrent en ligne de compte : la montée en puissance de nouvelles activités plus productrices et le transfert des ressources des activités traditionnelles en direction de ces nouvelles activités, ce qui relève la productivité. En rapport avec la forte prégnance de l'agriculture dans les pays d'Afrique subsaharienne, on peut, sans risque de se tromper, affirmer que, pour se placer sur une trajectoire de croissance durable, inclusive et résiliente, l'Afrique doit enclencher un processus de transformation structurelle reposant sur son potentiel agricole non exploité (Nubukpo, 2019). Ainsi, la valorisation du fort potentiel de gains de productivité agricole peut soutenir une saine transition du secteur primaire au secondaire grâce, notamment, aux industries mécaniques (outillage, biens d'équipement agricole), aux emplois ruraux non agricoles et à la disponibilité d'infrastructures de stockage et de transport.

Cependant, en matière d'emploi, l'économiste ne se donne pas la vocation de formuler des politiques de jeunesse, mais celle de proposer une mécanique de création d'emplois qui s'appuie, à son tour, sur une véritable mécanique de création de richesses (ou valeurs ajoutées). Tel est le vrai exercice politique qui doit cristalliser les efforts de l'État sénégalais dans le cadre de l'exécution de la phase 3 du Plan Sénégal Emergent (PSE) qui s'est fixé un double objectif sur le plan de l'emploi, dont la concrétisation pourrait être un pas significatif vers la transformation structurelle de l'économie. Il s'agit, d'une part, de définir une approche de régulation des dynamiques du marché de l'emploi et de poursuivre les efforts de développement du capital humain, de relèvement du niveau de la productivité et de promotion du travail décent. D'autre part, l'objectif de l'État sénégalais est d'accélérer la densification du tissu économique constitué de 407 882 entreprises, dont 97 % d'unités informelles (Ansd, 2016).

Sur les 18 millions d'habitants que compte le Sénégal actuellement, 72 % ont moins de 35 ans, ce qui fait presque 13 millions de jeunes (Ansd, 2023). L'âge moyen de la population sénégalaise se situe à 19 ans. La population sénégalaise est ainsi caractérisée par le niveau exorbitant et l'augmentation rapide de sa population en âge de travailler. Entre le recensement de la population réalisé en 2002 et celui réalisé en 2013, la population en âge de travailler a enregistré un taux d'accroissement moyen annuel de 3 % ; soit plus que le taux d'accroissement annuel de la population totale observé au cours de la même période (2,5 %[2]). Le nombre de jeunes qui entrent chaque année dans le marché du travail (primo-demandeurs d'emploi) était estimé en 2010 à 269 000 personnes. Ce nombre va atteindre 376 000 en 2025 et 411 000 en 2030 selon les prévisions de l'Initiative Prospective Agricole et Rurale (IPAR, 2011)[3]. Ces chiffres montrent aussi que 60 % de ces demandeurs d'emplois sont originaires du monde rural où l'incidence de pauvreté se situe à plus de 55 %, ce qui légitime la plus grande attention qu'il faut maintenir sur l'agriculture et le monde rural dans les projets et les programmes pour l'emploi. Les objectifs fixés dans le premier draft du PRACAS 2, élaboré en 2019[4], n'étaient

---

[2] RGPHAE (2013)

[3] IPAR, 2011, « *L'agriculture face aux défis de la transition démo-économique* », RuralStruc Sénégal, Note de synthèse no2. http://www.ipar.sn/sites/default/files/pb2_net.pdf. Accessed 21 August 2015.

[4] Ces objectifs sont condensés dans la Lettre de politique sectorielle et de développement de l'agriculture, LPSDA : 2019-2023.

donc pas ambitieux puisqu'ils poursuivaient, à l'horizon 2023, la création de 164 785 nouveaux emplois (agricoles et non agricoles), dont 114 581 emplois directs et 34 378 emplois indirects.

Il existe, dès lors, une forte pression sur le marché du travail et il se pose alors la question de la capacité de l'économie sénégalaise à absorber une partie significative de cette main-d'œuvre dans le moyen et le long terme. Dès les années 1980, le rajeunissement de la population sénégalaise était déjà une grande préoccupation pour l'autorité publique qui, depuis lors, a consacré une grande partie de ses programmes à l'emploi des jeunes. De l'*opération maîtrisards* lancée le 23 juin 1982, à la Délégation à l'entrepreneuriat rapide (DER) créée en 2017 et au programme d'urgence XËYU NDAW ÑI initié en 2021, en passant par le Fonds National de Promotion de la Jeunesse (FNPJ) des années 2000, les programmes en faveur de l'emploi des jeunes ont pullulé dans la sphère publique durant ces quatre dernières décennies. Mais le président Abdoulaye WADE, arrivé au pouvoir en mars 2000, a reconnu son échec sur l'emploi en 2011. Le président Macky SALL, arrivé au pouvoir en 2012, a, lui aussi, reconnu l'échec de toutes les politiques pour l'emploi des jeunes adoptées jusqu'ici lors de son discours ayant fait suite aux violentes émeutes qui ont éclaté dans le pays en mars 2021.

L'intitulé de cet ouvrage met en avant l'épineuse question du chômage, mais il s'agit globalement d'un ouvrage sur l'économie en tant que fondement essentiel de la dynamique de création d'emploi dans chaque pays. Cet ouvrage part du constat d'échec des politiques publiques en faveur de l'emploi qui est largement partagé à travers le monde. En Afrique subsaharienne, cet échec est mis à nu par l'exacerbation depuis plus de deux décennies du phénomène migratoire irrégulier, notamment l'émigration clandestine. Au mois d'octobre 2023, les organismes humanitaires ont dénombré près de 14 000 nouvelles arrivées de jeunes sénégalais sur les côtes espagnoles et italiennes. Après les circuits traditionnels du Brésil et de l'Argentine pour rallier les États-Unis, d'autres milliers de jeunes Sénégalais ont pu entrer clandestinement dans le territoire américain en 2023 en passant par le Nicaragua.

L'économie sénégalaise s'est enlisée dans des difficultés et des blocages récurrents depuis 1960. Il n'est pas abusé de parler d'un impératif de faire une table rase des fondements de l'économie sénégalaise afin de s'engager dans une réelle démarche de refondation. Cet ouvrage propose une compréhension de la chronologie des postures politiques et des évènements qui ont mené à cette situation très alarmante du chômage des jeunes que le Sénégal partage avec tous les autres pays africains. Le chômage provient d'une configuration économique qui le favorise et sa résolution repose traditionnellement sur une démarche basée sur une approche théorique *standard*. Tel est l'objet du premier chapitre. La configuration économique propre au capitalisme, la maigre teneur en emplois du PIB - dont la faiblesse par rapport au PIB potentiel explique le chômage cyclique[5]- de même que la révolution numérique et l'intelligence artificielle sont autant de facteurs qui limitent les créations d'emplois, fragilisent les acquis en termes d'emplois et menacent les emplois déjà occupés. La sauvegarde et la fortification de l'existant en termes d'activités et d'emplois doit, ainsi, être l'objet d'une attention toute particulière de la part des pouvoirs politiques (deuxième chapitre). Dans le court terme, la lutte contre le chômage est une urgence sociale qui pose des problématiques psychosociologiques, de sécurité et de

---

[5] Le chômage cyclique est celui qui dépend du PIB. Il augmente en période de ralentissement économique et baisse en période de prospérité économique.

stabilité sociale, avec la délinquance et l'engagement dans des groupes terroristes qui tentent de plus en plus les jeunes désœuvrés et sans espoir d'un avenir radieux. Il faut impérativement inventer une formule de création massive d'emplois dans le court et le moyen termes. Le chapitre 3 propose un panorama des niches et des créneaux qu'il faut secouer et exploiter de toutes forces pour créer le maximum d'emplois décents et stables.

Chapitre I

Problématiques et approches théoriques

Il importe, d'emblée, de revenir de manière explicite sur les concepts de chômage, de chômeur et d'emploi afin d'en retenir une acception claire dans cet ouvrage. On serait tenté de dire brièvement que la situation de chômage, au sens large, est l'absence involontaire d'occupation. Cette définition permet de tenir compte des critiques formulées à l'encontre des définitions qui appréhendent le chômage dans l'optique de ce qui est communément appelé population active qui correspond au nombre total de personnes qualifiées et employées ou cherchant activement un emploi. Les critères retenus par le Bureau international du travail (BIT) retiennent trois conditions : être sans travail, être disponible pour travailler et rechercher effectivement un travail. Ce chapitre propose un aperçu théorique de l'emploi et du chômage, un exposé de l'état de la question du chômage et de l'emploi au Sénégal et elle jette les bases de la refondation de l'économie sénégalaise suivant les exigences et les défis de la révolution numérique.

1. Aperçu théorique sur la question du chômage et de l'emploi

Dans la pensée économique classique, l'apport de David Ricardo (1817) est plus décisif sur le plan de l'emploi puisqu'il abordait déjà en profondeur, à son époque, la macroéconomie, la théorie de la croissance et le rôle de l'accumulation du capital. D'ailleurs, David Ricardo a abordé la théorie du salaire selon une approche globale basée sur le revenu national. La masse des salaires dépend de la quantité totale de travail employée dans l'économie et du taux de salaire annuel par travailleur. La quantité de travail employée dépend du capital injecté dans le circuit de production, qui dépend, à son tour, des prévisions de débouchés des investisseurs. En général, les économistes classiques considéraient, toutefois, que le chômage était volontaire et s'expliquait par une contestation du niveau des salaires. À partir de la théorie de la plus-value et de la répartition de la valeur créée par la force de travail, Karl Marx (1867) est venu montrer les tares du système capitaliste dont la dynamique a mené, comme il l'avait prévu, aux tensions actuelles qui caractérisent les relations de travail et la répartition des richesses. Le nœud du problème peut être saisi en constatant la croissance déclarée chaque année, le creusement du chômage et l'effritement du pouvoir d'achat des ménages. Dans son modèle de croissance, Domar (1947) démontre que le grand problème du capitalisme est celui de la crise de la croissance économique et du chômage.

La théorie keynésienne est venue avec une logique renouvelée de la conception du chômage. Dans sa théorie générale, John Maynard Keynes (1936) considère que le niveau de l'emploi n'est pas déterminé par l'équilibre sur le marché du travail, mais par les anticipations des entreprises sur le niveau de la demande globale. Keynes a formulé une pertinente problématique de la production, de la croissance et de l'emploi : la demande globale peut être insuffisante pour susciter un produit global assurant le plein-emploi et cette déficience résulte principalement de la faiblesse des investissements des entreprises. Suivant cette logique, le chômage est donc involontaire et s'explique par l'insuffisance de la demande et des investissements

(Ndiaye, 2010). Il s'agit du chômage cyclique qui s'explique par l'insuffisance de la production et du revenu global devant le nombre de demandeurs d'emploi. L'autre type de chômage est le chômage naturel qui est la somme du chômage structurel, du chômage frictionnel et du chômage saisonnier[6]. Théoriquement, l'allocation des ressources comporte toujours un état d'équilibre dans lequel il est possible d'avoir un plein emploi du facteur travail si le PIB atteint le niveau correspondant. La réalité change avec les logiques de profitabilité propre au capitalisme dominant dans lesquelles la croissance économique conduit à la hausse des revenus et l'inflation.

La croissance, l'emploi et l'inflation entretiennent un lien ambigu et complexe. En 1958, l'économiste Alban William Phillips (1914-1975) montrait, après une observation de la relation entre le chômage et la croissance des salaires au Royaume-Uni de 1861 à 1957, une corrélation négative entre le taux de chômage et le taux d'inflation. Une croissance économique génératrice d'emplois est normativement, en même temps, une hausse simultanée des revenus et des prix. Et, au pouvoir des producteurs d'augmenter les prix, correspond le pouvoir des syndicats de réclamer une hausse des salaires et

[6] Le chômage structurel concerne le chômage de long terme qui résulte souvent de facteurs liés aux structures de l'économie. Un chômage structurel important coexiste souvent avec des emplois vacants, parce que les chômeurs ne possèdent pas les qualifications requises pour les nouveaux emplois créés (par exemple emplois vacants de programmeurs informatiques et chômage dans le bâtiment). Le chômage frictionnel concerne les travailleurs qui deviennent chômeurs du fait d'un processus normal de transition d'un emploi à un autre. Si les individus pouvaient passer instantanément d'un emploi à un autre, il n'y aurait pas de chômage frictionnel. Le chômage saisonnier est le chômage qui varie suivant les saisons. Le taux de chômage publié est corrigé du volume moyen de chômage pendant la saison considérée. Ces ajustements sont appelés *ajustements des variations saisonnières*.

inversement. Telle est la spirale prix-revenu décrite par l'économiste américain John Kenneth Galbraith (1981) qui a écrit, d'ailleurs, que le chômage et l'inflation constituent le défi permanent auquel les économistes doivent faire face au XXIe siècle. Galbraith avait donc senti que, au-delà de la relation de Philips, on tendait vers une augmentation simultanée du chômage et de l'inflation en dépit d'une forte croissance. Ce phénomène est désigné sous le vocable de stagflation, qui complique les options de politique économique. En effet, si l'inflation dépasse la norme en situation de sous-emploi, il est nécessaire que les taux d'intérêt baissent, ce qui aura tendance à hausser davantage les prix.

Cependant, la nouvelle économie attachée aux nouvelles technologies de l'information et des communications, en plein essor dans les années 90, a mis un bémol à cette relation de Phillips. À partir de la fin des années 90, il a été, par exemple, constaté aux États-Unis, une croissance économique tirée par les nouvelles technologies de l'information et de la communication et qui se caractérisait par une absence d'inflation, beaucoup de créations d'emplois et une conquête du monde. Ces nouvelles technologies ont neutralisé les tendances inflationnistes, mais elles n'ont pas contenu la hausse du chômage, même aux États-Unis où le capitalisme est à l'état le plus sauvage. Bush père n'a pas pu résoudre le chômage d'un bon nombre d'Américains et cela explique essentiellement son échec lors des élections de 1992 face à Bill Clinton. Pour surmonter la récession de l'économie américaine en 1990 et 1991, Bill Clinton avait préconisé, lors de sa campagne, le recours à une politique budgétaire plus forte pour y remédier. En 2001, peu après avoir pris fonction, le Président Bush fils tombait directement sur une récession de l'économie américaine. Bush s'est alors appuyé sur les premiers signes d'un ralentissement économique pour faire accepter une baisse des impôts par le Congrès. Il s'agissait, ainsi, d'une politique budgétaire expansionniste destinée à faire face à la récession (Cf, Mankiw, 1998).

Le travail est un droit fondamental reconnu dans toutes les sociétés, c'est pourquoi le chômage généralisé est actuellement le fléau le plus décrié à travers toute la planète. Il a été le thème central du forum de Doha en 2013 où d'éminents économistes avaient abouti à la conclusion qu'il faille poursuivre de manière plus vigoureuse la promotion de l'entrepreneuriat et de l'auto-emploi sous le slogan *Creating New Business, Not Just Jobs.* Le programme de référence *My Business,* lancé aux États-Unis en 2006, visait la création de 30 000 emplois, et le gouvernement américain l'avait accompagné par la création de bureaux d'accueil des diplômés. Ces programmes ont été imités dans plusieurs pays comme le Maroc qui s'est illustré ces deux décennies écoulées dans cette approche. Au Sénégal, les multiples structures publiques créées à partir de 2012, comme le Fonds souverain d'investissement stratégique (FONSIS), le Fonds de garantie des investissements prioritaires (FONGIP), la Banque nationale pour le développement économique (BNDE) et la Délégation à l'entrepreneuriat rapide (DER), sont censées promouvoir l'entrepreneuriat, la création d'entreprises et l'auto-emploi des jeunes. Cependant, malgré ces diverses approches et mécanismes de promotion de l'emploi, le chômage s'est aggravé du fait de l'exacerbation des dynamiques capitalistes et des crises répétitives depuis l'année 2008. Alors qu'elles supportent 90 % de l'emploi à travers le monde, d'innombrables micro, petites et moyennes entreprises (MPME) ont été affaiblies ou ont disparu durant la pandémie de la Covid-19 et du fait des incidences négatives sur les facteurs de production de la guerre russo-ukrainienne. Il reste des enquêtes approfondies à réaliser dans chaque pays pour mesurer de manière précise et se rendre compte des ravages que ces crises ont faits sur le plan de l'emploi depuis l'année 2020 pour la pandémie de la covid-19 et depuis 2022 pour la guerre en Ukraine.

Au même titre que la dégradation de la nature, le chômage pose des problématiques d'ordre moral, social, psychologique et même sécuritaire dès l'instant où certains jeunes désœuvrés et frustrés ont fini dans la délinquance ou par rejoindre des groupes terroristes qui se sont maintenant bien installés en Afrique de l'Ouest. Paul Lazarsfeld et ses collèges[7] ont mené en 1932 une des premières enquêtes sociologiques auprès de chômeurs dans une ville autrichienne durement touchée par la crise des années 1930, et ils ont été ébranlés par les ravages qu'ils avaient pu constater. Au-delà de la seule misère financière, l'expérience de chômage avait entraîné, pour de nombreux individus, un délitement des liens sociaux, une altération du rapport au temps, un repli sur soi marqué par une profonde apathie troublée parfois par des accès de violence, bref une atteinte profonde à la vie sociale et psychologique des personnes.

En outre, Jérôme Gautié (2015) met en évidence que le chômage engendre un coût considérable pour la société, allant au-delà de son impact sur les individus touchés. Tout d'abord, il y a un coût financier direct qui peut être estimé en termes de richesse produite par les personnes sans emploi, en plus des montants alloués à l'indemnisation de cette situation de non-emploi. Dans un pays comme le Sénégal, où il y a une réelle déficience de cette indemnisation, il est nécessaire de prendre en compte les ressources que les personnes actives sont contraintes d'allouer au soutien des chômeurs. Les travaux de Bousso et Dramani (2014) ont d'ailleurs déterminé un gap de 35 %

---

[7] Cités par Gautié J., 2015 : Lazarsfeld P., Jahoda M. et Zeisel H., 1981, *« Les Chômeurs de Marienthal »,* Minuit, Paris, (1ère édition, 1932).

devant être financé via le système public et privé de transferts pour permettre de résorber la dépendance des jeunes et des séniors. Au Mali, le déficit du cycle de vie est estimé à 2855 milliards de francs CFA, soit 24 % du PIB (Doumbo, 2023). Jérôme Gautié (2015) relate aussi, en citant les travaux de Fougère et al (2008), un coût économique et social plus diffus et difficilement mesurable, qui résulte des effets induits sur la santé, mais aussi en termes de délinquance, notamment chez les jeunes. Le chômage et la bombe sociale qu'il constitue, surtout en Afrique, sont ainsi le problème majeur des sociétés dites modernes et le casse-tête des planificateurs économiques et sociaux.

L'armada de politiques et les grandes batteries de mesures mobilisées contre le chômage depuis 30 ans sont loin d'apporter la réplique tant attendue. Cela est considéré à juste titre comme un scandale. Il est plus que jamais nécessaire d'avoir une meilleure compréhension du phénomène, d'en connaître davantage les contours, la nature, la cause des disparités d'un pays à l'autre et la part de responsabilité des institutions du marché du travail jugées trop rigides. Mais ce questionnement, non exhaustif, s'affiche comme une interrogation minimale dont la réponse à chaque niveau ne permettra qu'un début de solution au phénomène du chômage. Le chantier de la résorption du chômage est immense et il est légitime de ne s'attendre qu'à des améliorations à court terme, tant l'ampleur de ce fléau est effarante et effroyable surtout en Afrique. Cette ampleur impacte négativement les mécanismes de mesures et les statistiques dès lors que les autorités politiques ont elles-mêmes peur des vrais chiffres sur le chômage. Les chiffres sur le chômage sont, en effet, au cœur du débat public, ils sont médiatiquement diffusés et leur évolution est devenue le baromètre principal de la réussite ou de l'échec des politiques publiques.

Pourtant, les taux de chômage officiellement retenus sont basés sur ce qui est considéré comme population active. Celle-ci correspond au nombre total de personnes employées ou cherchant activement un emploi. Et si l'on tient compte de la qualification, il devient d'autant plus difficile de cerner l'ampleur du chômage dans un pays comme le Sénégal où 46 %[8] des demandeurs d'emploi sont sans qualification selon les chiffres officiels. Les pays de l'Union européenne ont, quant à eux, unanimement retenu une interprétation commune des critères du BIT (cités plus haut) qui définit le chômage relativement à une période de référence (une semaine). En France, l'institut national de la statistique et des études économiques (INSEE) utilise l'enquête Emploi, qui est la version française des enquêtes sur la force de travail (*Labour Force Survey*) harmonisées au niveau européen (Gautié (2015). Cette approche d'enquête, adoptée en France depuis 2003, permet d'avoir des estimations semestrielles du chômage. Au Sénégal, l'Ansd dispose d'une approche stabilisée qui lui permet de sortir des chiffres réguliers sur le chômage.

Dans les pratiques traditionnelles et conventionnelles, le taux de chômage correspond au pourcentage des individus qui, dans la population active totale, sont à la recherche d'un emploi. Le taux de chômage déclaré ne tient donc pas compte de ceux qui ne cherchent pas et de ceux qui ne sont pas qualifiés. Le Taux de chômage est ainsi calculé de la manière suivante[9] :

---

[8] Ce chiffre est celui que le Ministère de la Jeunesse a révélé en 2016, d'autres chiffres parlent de 96 %.

[9] Le taux de chômage ne comprend pas toutes les personnes qui ne travaillent pas. Pour être comptabilisées dans la population active, celles-ci doivent aussi rechercher activement un emploi.

$$Taux...de...chômage = \frac{nombre...de...chômeurs}{population...active}$$

$$= \frac{nombre...de...chômeurs}{(nombre...des...employés)...+...nombre...de...chômeurs}$$

Dans les pays africains et particulièrement au Sénégal, l'opinion publique, forgée par une population regorgeant de plus de 50 % d'analphabètes, réfléchit sur la base de la population en âge de travailler. C'est pourquoi, l'ampleur du chômage est mise en rapport avec le fort pourcentage de la tranche 15-35 ans dans la population sénégalaise. D'ailleurs, la théorie retient deux catégories complémentaires à celle des chômeurs : les actifs occupés (ou en emploi) qui représentent l'ensemble des personnes qui ont un emploi salarié ou non et les inactifs qui sont les personnes ne cherchant pas d'emploi ou n'étant pas disponibles pour en occuper un. En somme, la population est composée de chômeurs, d'employés et de personnes en inactivité qui, ensemble, forment la population en âge de travailler. La tranche 15-64 ans est généralement retenue dans les comparaisons internationales. On peut calculer les taux d'emploi et d'activité.

$$Taux...d'emploi = \frac{nombre...d'actifs...occupés}{population...en...âge...de...travailler}$$

$$Taux...d'activité = \frac{nombre...d'actifs}{population...en...âge...de...travailler}$$

Il importe d'apporter une autre clarification conceptuelle pour éviter les confusions par rapport aux autres termes utilisés dans le domaine de l'emploi. À la place de demande d'emploi, on utilise aussi le concept d'offre de travail. Sur le marché du travail, ce sont les ménages qui offrent leur travail, c'est-à-dire leur force de travail aux entreprises. La demande de la force de travail des ménages ou demande de travail correspond à l'offre d'emploi des entreprises. Un autre concept est celui de sous-utilisation de la force de travail qui est assimilée à la situation de sous-emploi. Ainsi, le concept qui colle le plus à plusieurs pays pauvres est celui de pays sous-développés. Leur *sous-développement* se manifeste notamment par le gaspillage de la ressource économique la plus abondante à leur disposition : leur force de travail (Sylla, 2023).

Traditionnellement, les économistes considéraient qu'il fallait passer par les gains de productivité pour accroitre la production et l'emploi à travers la hausse des salaires, des recettes publiques et des profits réinvestis par les capitalistes, comme le montre la figure 1 suivante.

Figure 1 : Gains de productivité et croissance

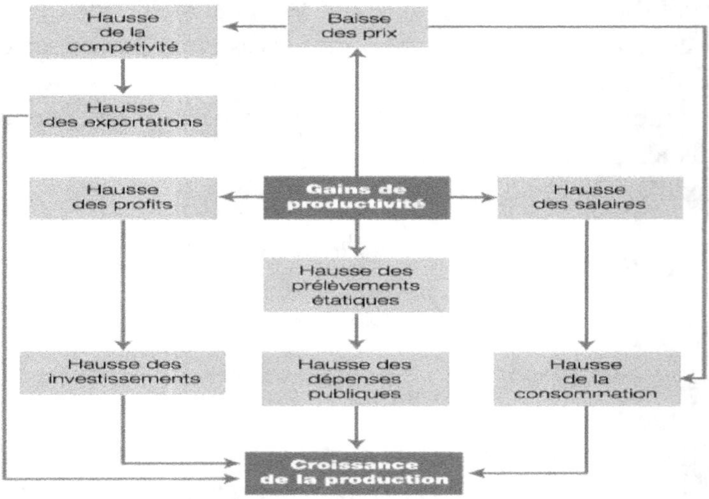

Source : D'après J.M. Albertini, E. Coiffier, M. Guiot, *Pourquoi le chômage ?* Scodel 1987

Cependant, la demande de travail s'est amenuisée au fur et à mesure que les capitalistes trouvent de plus en plus de méthodes d'accroître leurs profits sans payer beaucoup de salaires. La révolution numérique et l'intelligence artificielle constituent un nouveau champ potentiel d'exacerbation de l'emprise (sur l'économie) du capitalisme qui est, d'ailleurs, le principal bailleur de la recherche fondamentale, de l'innovation et de leur exploitation dominées par les puissances occidentales depuis la première révolution industrielle amorcée au 18ème siècle. La révolution numérique est venue avec une toute nouvelle philosophie de l'emploi reposant sur la divisibilité du travail qui peut être morcelé en micro-emplois pouvant être exercés par n'importe qui, moyennant une rémunération bien calibrée suivant la tâche accomplie. On est, par ailleurs, à l'ère de la prédominance du capital intellectuel sur le capital physique avec une logique de division cognitive du travail. En guise d'illustration, Jean Tirole (2016) relate l'exemple d'*On my Way* d'Amazon qui propose aux gens de livrer des colis sur des trajets qu'ils feront de toute façon ; l'idée étant que les particuliers remplaceraient les entreprises de livraison pour les trajets courts. Jeremy Rifkin (2014) parle de *nouvelle société coût marginal zéro* où les procédés numériques utilisés dans un style collaboratif peuvent éliminer les coûts marginaux. Par exemple, cinq travailleurs ralliant le même lieu de travail peuvent faire jonction en ligne, éviter l'usage de cinq véhicules, économiser de l'argent et contribuer à la réduction de la pollution. Pour Jean Tirole (2016), il n'y a rien de nouveau sur le plan conceptuel, mais une facilité plus grande due au numérique pour découper la production en tâches élémentaires.

Robert Reich (2015)[10], secrétaire d'Etat au travail de Bill Clinton et critique de cette évolution parle, d'*économie du partage des restes* : « De nouvelles technologies informatiques rendent possible le fait que pratiquement tout

[10] Cité par Jean Tirole (2016).

emploi puisse être divisé en des tâches discrètes qui peuvent être morcelées entre travailleurs le moment voulu, avec une rémunération déterminée par la demande pour ce job particulier à un moment particulier ». La numérisation offre, toutefois, un cadre approprié de réduction des coûts pour certains et de gains potentiels pour d'autres. Il s'agit d'un cadre tout nouveau qui améliore l'efficacité des marchés en permettant à des demandes d'être confrontées à des offres dans un échange où tout le monde gagne. En France, des ménages aisés s'offrent de plus en plus de services auxquels ils n'accédaient pas ou qui étaient très onéreux. De même, comparativement aux taxis qui sont très onéreux, UBER permet aux classes moyennes et aux jeunes un accès moins cher à ce type de transport.

2. État de la question du chômage et de l'emploi au Sénégal

Le Sénégal est un terrain significatif d'analyse de la problématique du chômage dans toutes ses dimensions. Il est, en effet, un riche terreau programmatique en faveur de l'emploi dont l'analyse et l'évaluation pourraient positivement influencer la planification en perspective. L'autorité publique a reconnu son échec et l'obtention de résultats positifs dans les politiques de l'emploi devra commencer dans le remodelage de l'action publique et la refondation de l'économie.

Politique de l'emploi ou lutte contre le chômage au Sénégal : le constat général d'échec

Comme elle l'est encore pour cette campagne présidentielle de 2024, la question du chômage demeure une priorité nationale depuis la campagne présidentielle de 1988. Mais après l'alternance politique intervenue en 2000, le Président Abdoulaye Wade a reconnu son échec sur le sujet de l'emploi en 2011 après plus de 10 ans au pouvoir. Durant son règne, le Fonds national de promotion de la jeunesse (FNPJ), les structures d'appui à l'entrepreneuriat féminin, l'Agence nationale de l'emploi des jeunes (ANEJ), l'Agence nationale d'appui aux marchands ambulants (ANAMA), l'Office pour l'emploi des jeunes de la banlieue (OFEJBAN) ont été, entre autres, autant d'instruments d'appui à l'entrepreneuriat et à l'emploi des jeunes et des femmes qui ont été loin de porter les fruits escomptés. En 2011, la bombe du chômage était encore restée entièrement sans stratégie adéquate de désamorçage. Une nouvelle alternance politique s'opère en 2012 avec l'élection du Président Macky Sall qui a également reconnu son échec sur la politique de l'emploi en 2021 après près de 10 ans au pouvoir. Son programme de campagne, *Yonou Yokuté*, renfermait la promesse de création de 500 000 emplois sur 7 ans, soit environ 72 000 emplois annuels à compter de l'année 2012. Néanmoins, cet objectif était largement en deçà des besoins d'emplois, puisque plus de 200 000 nouveaux demandeurs d'emplois arrivaient déjà chaque année sur le marché du travail. C'est pourquoi, des révisions d'objectifs en profondeur ont été apportées dans la Stratégie nationale de développement économique et social (SNDES) adoptée en 2013, puis dans le plan Sénégal émergent en 2014. En 2013, le nouveau régime a opéré des changements de fond avec la rationalisation des structures de promotion de l'emploi qui a abouti à la fusion du FNPJ, de l'ANAMA, de l'ANEJ, en une seule structure dénommée Agence nationale pour la promotion de l'emploi des jeunes (ANPEJ).

Cependant, la jeunesse, comme priorité de l'État sénégalais, est une préoccupation qui date de la fin des années 1970. L'*opération maîtrisards,* lancée le 23 juin 1982 par le Président Abdou Diouf, avait finalement permis de prendre conscience que le manque d'expérience et de culture entrepreneuriale chez les bénéficiaires de financements est le principal facteur bloquant qui risque de mener à l'échec des programmes. L'État avait également lancé auparavant en 1978 les projets du Groupe Opérationnel Permanent d'Etude et de Concertation (GOPEC), administrés par le Ministère de l'Emploi et destinés aux jeunes du monde rural. En 12 ans, le GOPEC avait financé 3 500 jeunes et permis la création de 4 559 emplois dans des secteurs très variés. Mais l'opération, basée sur un système de crédit *Revolving* (ou crédit renouvelable), a été finalement bloquée par le très faible taux de recouvrement des prêts accordés (environ 2 %).

Occupant 70 % de la population, l'agriculture est le secteur où la réussite des programmes pour l'emploi aurait eu des effets très significatifs aussi bien pour juguler le chômage, réduire drastiquement la pauvreté, que pour disposer en permanence d'une main-d'œuvre agricole abondante et disponible pour l'atteinte de la sécurité et de la souveraineté alimentaires. Le plan REVA (Retour vers l'agriculture) lancé en 2006 et devenu Agence Nationale d'Insertion et de Développement Agricole (ANIDA) en 2012, de même que la Grande Offensive Agricole pour le Nourriture et l'Abondance (GOANA) lancée en 2007 n'ont pas eu d'effets significatifs en termes de création d'emplois. Le Programme des domaines Agricoles Communautaires (PRODAC), créé par le décret 2014-498 du 10 avril 2014, n'a pas non plus donné de résultats significatifs. Le PRODAC a finalement été secoué par des scandales financiers qui n'ont pas encore été élucidés. Le Président Macky Sall a également lancé, à partir de 2012, plusieurs instruments d'appui financier à l'entreprise et à l'entrepreneuriat, notamment le Fonds souverain d'investissement stratégique (FONSIS), le Fonds de garantie des investissements prioritaires (FONGIP), la Banque nationale pour le développement économique (BNDE) et la DER. Et il a avoué, en mars 2021, l'échec répétitif de toutes ces politiques en faveur de jeunesse.

Mais comment l'enchaînement de ces diverses politiques et multiples instruments d'action (la liste n'est pas exhaustive) a pu aboutir au même résultat d'échec ? Il faut reconnaître, d'emblée, que pour la plupart des programmes, il n'y a pratiquement pas eu les évaluations régulières qui auraient pu guider les options suivantes. Les rares programmes à être évalués, ce sont l'ANIDA et le PRODAC qui ont impliqué des partenaires techniques et financiers du Sénégal (PTF) et dont les scandaleux rapports d'évaluation n'ont pas encore eu de suite. Il est clair qu'en l'absence des véritables outils d'appréciations et de rétroaction stratégique, notamment les études, les analyses et les évaluations de ces politiques publiques, les nouveaux programmes auront tendance à reconduire les mêmes méthodes et aboutir aux mêmes échecs. Il faut impérativement adopter une posture d'ajustement pour surmonter les blocages et éviter les mêmes erreurs. Sous la houlette de l'Assemblée nationale, le gouvernement est plus que jamais tenu d'inventer des leviers autonomes et indépendants d'accompagnement, de supervision, d'évaluation et de suivi des projets et programmes en faveur de la création d'emplois.

Le Conseil présidentiel sur l'emploi et l'insertion socio-économique des jeunes du 22 avril 2021 a débouché sur le lancement du programme d'urgence XËYU NDAW ÑI. Ce programme annonce une promesse de financement de 450 milliards de francs CFA sur les trois années suivantes. Pour l'année 2021, il était prévu de débourser 150 milliards de francs CFA, dont 80 milliards de francs CFA pour le recrutement de 65 000 jeunes dans les activités d'éducation, de reforestation, de reboisement, d'hygiène publique, de sécurité, d'entretien routier et de pavage des villes, entre autres. Les procédés de virement et de transferts dans les allocations budgétaires pouvaient plus ou moins permettre à l'État de trouver ces fonds à travers des opérations de réallocation. Cependant, même en ne tenant pas compte des effets négatifs de la pandémie de la Covid-19, l'interrogation fondamentale se situe dans cette impossible hausse de la masse salariale de l'État dont le ratio par rapport aux recettes fiscales avoisine les 40 % alors qu'il doit être inférieur ou égal à 35 % selon les critères de convergence de l'Union économique et monétaire ouest-africaine (UEMOA). Attendu à 3 % environ pour respecter le critère de convergence de l'UEMOA (3 %), le déficit budgétaire du Sénégal s'est drastiquement creusé pour atteindre 6,2 % du PIB en 2020. Il devrait, toutefois, se situer à 5,1 % en 2023 et 3,8 % en 2024. Or, la dette publique a atteint 76 % du PIB en 2023 (68 % selon le gouvernement qui ne tient pas compte de la dette des entreprises publiques et parapubliques). Il n'y a presque plus de marge d'endettement par rapport au plafond communautaire de 70 %. Ces recrutements massifs annoncés çà et là dans la fonction publique seront donc à l'image des précarités ambiantes déjà créées dans la sphère publique, comme l'illustre la situation des agents de sécurité de proximité et des volontaires de l'enseignement insérés dans l'éducation à partir de la fin des années 80.

Le chômage est l'unique volet économique sur lequel tous les régimes sont urgemment attendus. C'est pourquoi, la quête désespérée de résultats immédiats, sur fond d'objectifs de maintien au pouvoir, a poussé les pouvoirs politiques à communiquer sur la question sur la base de statistiques bâclées qui ne reflètent pas la réalité. À l'issue de la phase 1 du PSE (Plan d'actions prioritaires, PAP 1 : 2014-2018), le gouvernement du Sénégal a déclaré, en

2019, avoir créé 491 000 emplois sur les 500 000 emplois promis en 2012. Mais il fallait quand même plus de rigueur dans l'exposé de ce bilan en catégorisant ces emplois créés suivant le niveau de précarité (CDD ou CDI) et le niveau de rémunération en lien avec le seuil de pauvreté. Dans le cadre du Conseil présidentiel sur l'emploi et l'insertion socio-économique des jeunes, tenu le 22 avril 2021, le Président Macky Sall[11] a dressé un bilan de 150 000 emplois créés par an ces dernières années avec un taux de croissance économique moyenne de 6 %. Donc pour les années 2016, 2017, 2018 et 2019, où la croissance économique a été même supérieure à 6 %, environ 600 000 emplois au minimum ont été créés, ce qui est largement supérieur aux 491 000 emplois que l'État déclare avoir créés de 2012 à 2019. Le Président Sall a également déclaré que plus de 105 000 jeunes et femmes porteurs de projets ont été encadrés et financés à travers la délégation à l'entrepreneuriat rapide des femmes et des jeunes (DER/FJ). Donc si seulement 2 emplois ont été générés avec chaque projet financé, cela aurait généré 210 000 emplois rien qu'avec la DER/FJ à partir 2017, sans parler de PRODAC, BNDE, FONSIS, FONGIP et les multiples autres programmes lancés sur le plan agricole.

Toutefois, c'est bien avant 2019 que ces précipitations motivées par la quête de résultats immédiats ont commencé à introduire les incohérences dans les statistiques sur l'emploi. Dès l'année 2014, l'opinion publique sénégalaise a été sevrée de chiffres contradictoires provenant de diverses sources gouvernementales[12]. D'abord, le Ministère de la Jeunesse, de l'Emploi et de la construction citoyenne annonce en 2015 que 94 354 emplois ont été créés de 2012

---

[11] Conseil présidentiel sur l'emploi et l'insertion socio-économique des jeunes, Discours d'ouverture de SEM le Président Macky Sall, CICAD, 22 avril 2021.

[12] Toutes ces déclarations sont vérifiables dans la presse en ligne.

à 2014, dont 38,59 % dans le commerce, 13,42 % dans l'agriculture, 13,27 % dans le bâtiment et les travaux publics, 8,7 % dans l'hôtellerie et la restauration et 4,74 % dans l'industrie alimentaire. Le Ministère du Travail, du Dialogue social, des Organisations professionnelles et des Relations avec les institutions, déclare ensuite que c'est 165 555 emplois qui ont été créés, dont 135 629 dans le secteur privé et 29 926 dans la sphère publique (11 642 dans la fonction publique, 8 284 instituteurs et vacataires et 10 000 agents de sécurité de proximité). Enfin, le 27 mai 2015, le Conseil des Ministres révèle des chiffres officiels qui montrent un cumul de 135 629 contrats visés par les inspections régionales du Travail et de la Sécurité sociale entre 2012 et 2014 (37 114 en 2012, 44 695 en 2013 et 53 820 en 2014). Ces chiffres ne précisent pas les types de contrats, les catégories de chercheurs d'emploi, les niveaux de rémunération et l'effectivité des recrutements pour les contrats visés par l'Inspection du Travail. Ces chiffres sont sans signification tant qu'on ne les confronte pas aux emplois détruits pour jauger les créations nettes d'emplois. Et ces problèmes de concordance ternissent la valeur scientifique de ces chiffres, annoncés pourtant par des personnalités œuvrant dans un même cadre gouvernemental.

Et pour le Programme d'urgence XËYU NDAW ÑI lancé en avril 2021, le Président dresse déjà un bilan prématuré lors de son discours à la Nation à l'occasion de la fête de l'indépendance du 4 avril 2022. Il a déclaré qu'au total, dans différents secteurs tels que l'environnement et le cadre de vie, la santé, le tourisme, la sécurité, le service civique national et l'animation socio-éducative, le Programme d'urgence a généré 46 334 emplois, 12 200 bons de formation et a financé 86 023 bénéficiaires. L'espoir est, tout de même, encore permis. Puisque même si le Président de la République tente juste d'apaiser une conjoncture de tensions socio politico-économiques, son discours montre qu'il est réellement conscient de la poudrière que constitue la question du chômage au Sénégal. Dans les conditions pareilles, il faut admettre que la priorité est à l'apaisement et à la stabilisation, quelles qu'en soient les méthodes, puisqu'ils constituent le cadre indispensable de la définition et de l'exécution d'une véritable politique économique.

Quoi qu'il en soit, ces nombreuses contradictions dans les actions et les résultats montrent également que la politique de l'emploi est principalement utilisée pour calmer les tensions, plutôt que d'être une véritable stratégie pour créer des emplois de qualité basée sur une économie forte et des structures solides. D'ailleurs, depuis les années 1980, ces artifices (ou programmes fragiles) ont eu les mêmes effets, puisqu'il en fallait encore d'autres d'un régime à l'autre, depuis la fameuse *opération maîtrisards* évoquée plus haut. Nonobstant l'échec et le défaut d'évaluation de ces politiques d'emploi depuis les années 80, le Président Macky SALL a reconduit, dès 2012, les mêmes procédés pour le même constat d'échec qu'il a reconnu le 8 mars 2021. Il faut avoir l'humilité de reconnaître et de corriger l'erreur historique d'avoir politisé l'administration et instauré un traitement clientéliste de la question du chômage. Il est temps de siffler la fin de la récréation et de songer à la refondation de l'économie du Sénégal.

Besoin d'ajustements dans la fonction publique

Sur le plan de la Fonction publique, l'entretien d'un système inefficace de recrutement et de rémunération a maintenu les administrations dans le paradoxe des moyens faramineux mobilisés face à un constat permanent de manque d'effectifs. L'audit de la Fonction publique effectuée par le gouvernement en 2013 avait permis de déceler 2 378 postes fictifs et 9 892 contentieux et d'autres cas de tricheries sur les rémunérations (Ndiaye, 2016). L'audit des systèmes de rémunérations dans la fonction publique[13] réalisée en 2014 renferme, quant à lui, un diagnostic suffisant pour aller plus loin dans ces mesures correctives attendues de toutes parts dans la fonction publique. Le premier constat relaté par cet audit est la profonde « agenciarisation » de l'administration, avec de multiples régimes spéciaux de rémunération, malgré plusieurs décrets d'ajustement et de plafonnement adoptés à la fin des années 2000. Le deuxième constat est la promotion de politiciens sans respect des grades et échelons, piétinant, du coup, la promotion du mérite et l'égalité des chances. Le troisième constat révèle des déséquilibres dans le régime indemnitaire, causant des écarts de rémunération parfois inacceptables dans un même grade. Cette situation a fini par instaurer, depuis plusieurs années, un climat socio-économique tendu et caractérisé par des revendications corporatistes et syndicales de plus en plus fortes.

Il existe plusieurs sources potentielles d'exacerbation de ces tensions et de la cacophonie qui règnent dans la fonction publique sénégalaise. On peut citer notamment le trop grand accent mis sur des corps en forte prolifération et non sur les métiers, encore moins sur les emplois ; l'absence de passerelles, la négligence de l'avancement au mérite, la non-prise en compte de l'expérience acquise et la perte de l'ancienneté en cas de changement de corps ; le non-

[13] *« Étude sur le système de rémunération au sein de l'administration sénégalaise »*, Rapport d'audit commandité en 2015 par la Direction de l'Administration Générale et de l'Équipement du Ministère de la Fonction publique, de la Rationalisation des Effectifs et du Renouveau du Service public, réalisé par le *Cabinet MGP-Afrique*.

encadrement de l'évolution salariale durant toute la carrière ; la non-limitation de la création de statuts spéciaux ; l'insuffisance des dispositions relatives à la formation professionnelle des fonctionnaires ; et l'encadrement insuffisant du droit de grève. Ces anomalies sont aggravées par deux autres pratiques qui ont fortement contribué à rompre l'harmonie et l'équilibre dans la gestion des personnels de l'État. Il s'agit, d'une part, des nombreux statuts spéciaux et de la prolifération des contrats spéciaux, de même que l'existence d'un très grand nombre d'agents non-fonctionnaires n'ayant pas de culture administrative. Et d'autre part, la gestion éclatée, avec des statuts particuliers pris par simple arrêté, du personnel recruté directement par des démembrements de l'État (Ministères, Agences, etc.) sans la participation de la Direction Générale de la Fonction publique (DGFP), de même que les décisions octroyant des avantages à des corps ou à des personnes sans tenir suffisamment compte des textes existants, ni des conséquences sociales et financières de telles décisions.

Pourtant, les administrations sénégalaises fonctionnent avec un régime juridique mettant à l'œuvre une multitude de sources et d'instruments réglementaires. On peut citer la Loi n° 61-33 du 15 juin 1961 portant statut général des fonctionnaires, modifié en 1983 et en 1997, qui en constitue le texte de base. Il y a aussi le Code des pensions civiles et militaires, les Lois concernant les statuts spéciaux de différents corps tels que les magistrats, le personnel des universités et les inspecteurs généraux d'État, ainsi que le Décret n° 74-347 du 12 avril 1974 sur les agents non-fonctionnaires, qui a été modifié, et les Décrets régissant les statuts spécifiques de certains corps (accompagnés de nombreux textes détaillant leur application). En somme, il existe plus de 200 textes insuffisamment connus des agents de l'État et du peuple, et, par conséquent, peu respectés. Ces textes deviennent, tout de même, de plus en plus inadaptés du fait des fulgurantes mutations économiques, sociales et technologiques en cours.

Le cas des enseignants met à nu des violations flagrantes des principes de légalité, d'égalité, de mérite et d'objectivité de la gestion des agents publics. La conséquence désastreuse en est des mouvements incessants de grève qui ont perduré depuis 2013 et qui n'ont que partiellement été apaisés en 2021. Environ 78 % des fonctionnaires sont des enseignants, et les importantes incidences financières des effets d'effectifs ont rendu difficile la tâche de l'État en ce qui concerne les ajustements des salaires à la hausse. En tout cas, si les équilibres et les ajustements nécessaires sont opérés à tous les niveaux, il existe des possibilités substantielles de nouveaux recrutements pour aller bien au-delà des 170 000 fonctionnaires que compte le pays. La rationalisation des mécanismes de sélection et de traitement des agents de l'État constitue un tremplin non négligeable pour une administration plus efficace et des effectifs croissants dans le sens de résorber le besoin de personnel dans tous les domaines des administrations publiques. L'État du Sénégal a néanmoins entrepris des mesures salutaires d'ajustements salariaux pour les enseignants, mais il reste beaucoup de correctifs à apporter sur les rémunérations, en général.

3. Refonder l'économie suivant les exigences de la révolution numérique

Relancer ou refonder l'économie ? La relance du PIB, la relance de la consommation et la relance des exportations sont les orientations majeures qui ont rythmé la politique économique du Sénégal depuis la dévaluation du franc CFA en 1994. Le but recherché est de résorber les déficits publics et extérieurs et de promouvoir la création d'emplois. Mais le constat de stagnation économique et d'aggravation du chômage, après des décennies de relance, dicte l'obligation de revoir les fondements de l'économie. La relance doit être basée sur un contenu, des structures qui font vraiment défaut au Sénégal. La transformation structurelle de l'économie recherchée dans le PSE peut être l'étape initiale de la marche vers la refondation de l'économie sénégalaise. Mais la dynamique d'économie de marché (capitaliste) n'est pas propice à la résolution du chômage. Et la révolution numérique s'ajoute aux arguments en faveur de la refondation.

Diagnostic d'un besoin évident de refondation de l'économie sénégalaise

Le dénouement des problèmes économiques du Sénégal passera par la réponse à deux questions essentielles. D'un côté, pourquoi ces blocages persistants qui ont fait avouer au Président Macky SALL, en mars 2021, l'échec des politiques en faveur de la jeunesse ? D'un autre côté, qu'est-ce qui explique ces grandes défaillances du PSE face aux chocs exogènes comme on vient d'en vivre l'expérience en 2020 avec la pandémie de la Covid-19 et en 2022 avec la guerre russo-ukrainienne ? L'évidence fondamentale à laquelle il faut se rendre compte est que l'entêtement des dirigeants africains les conduisant à reconduire les mêmes pratiques stériles depuis 1960 est la bête à abattre. Cet entêtement sonne de plus en plus comme une haute trahison préméditée. De la même manière qu'elle ignore le potentiel de développement endogène du pays, l'autorité publique méprise souvent l'expertise locale, au point d'aller faire coordonner l'élaboration du PSE par un cabinet étranger (Mckinsey). De même, la rationalité politicienne, le népotisme, le clientélisme et le favoritisme sont autant de gangrènes qui ont constamment gêné l'allocation optimale des ressources humaines dans la gouvernance du pays. C'est un système qui arrange ceux qui sont censés le combattre, tant le niveau intellectuel d'une frange majoritaire de la classe politique sénégalaise est terriblement médiocre[14].

On se plaignait, déjà depuis les années 1980, de la politisation de l'administration sénégalaise. Cette politisation a atteint un summum depuis 2012 avec le Président Macky Sall qui a expressément enjoint en 2014 les cadres de son parti à aller gagner les élections dans leurs localités s'ils veulent conserver leurs strapontins. Ainsi, le présidentialisme et le clientélisme ont fait tourner en rond l'économie sénégalaise durant toutes ces 63 années écoulées après l'indépendance. La stagnation (ou même le recul) économique du Sénégal, et de l'Afrique, tient, en effet, sur ces mêmes causes qui ont produit les mêmes effets, à travers un système de gouvernance noyé dans les récurrentes querelles autour de l'accession et de la conservation du pouvoir depuis l'indépendance. Léopold Sédar Senghor, Abdou Diouf et Abdoulaye Wade, malgré quelques mérites reconnus sur le plan socio politico-administratif, sont passés par ces calculs politiciens rétrogrades. La maigreur des moyens du pays ne s'est ainsi jamais accommodée de l'entretien et de la satisfaction d'une clientèle politique. Les actions de ces régimes successifs depuis 1960 n'étaient que pour stabiliser la surface d'une économie prostrée dans ses fondements et dans ses structures. C'est de là que jaillit la pertinence d'avoir évoqué dans le PSE l'idée de transformation structurelle de l'économie sénégalaise qui passera

[14] Il faut regretter la participation des médias à l'entretien de cette médiocratie politique en constatant le défilé régulier de certains politiciens incultes dans les plus grandes émissions télévisées du pays.

inéluctablement par la révision de fond en comble des structures économiques du pays.

Par ailleurs, la résilience à la Covid 19 est malheureusement arrimée aux mêmes méthodes ayant généré les vulnérabilités constatées. L'option choisie dans le cadre du Plan d'Actions Prioritaires Ajusté et Accéléré (PAP 2A : 2021-2024) est donc de relancer des moteurs de croissance économique qui n'ont pas été adaptés, alors qu'il faudrait mettre en branle d'autres moteurs et opérer une véritable refondation de l'économie. La transformation structurelle, telle qu'elle est libellée et poursuivie dans le PSE, est effectivement un objectif salutaire à maintenir même si elle est loin d'être atteinte. Cela pose encore le débat de la structure (garante des bonnes dynamiques de long terme) et la conjoncture (management des problèmes à court terme). Une des plus pertinentes critiques formulées à l'encontre du PSE est que les structures économiques et les institutions sénégalaises sont dans un état qui n'est pas favorable à la construction d'une dynamique économique forte et pérenne. C'est pourquoi, avec ses 27 grands projets supportés par un investissement public massif dopé par la dette publique, les actions de la phase 1 du PSE n'ont été que des pansements conjoncturels à des problèmes économiques profondément structurels. L'économie sénégalaise a un problème de supports opportuns et appropriés d'offre et de productivité.

Nubukpo (2019) souligne que la transformation structurelle reposant sur les gains de productivité est nécessaire mais non suffisante. Nécessaire parce que l'accès de plus en plus grand aux applications numériques favorisant l'irrigation goutte à goutte, par exemple au Niger, les commandes à bonne date des engrais par les producteurs, par exemple au Rwanda, et enfin le suivi en temps réel de l'évolution des prix des produits agricoles sur les bourses et les marchés urbains, par exemple en Éthiopie et au Mali, constituent des exemples concrets de la pénétration du numérique au sein d'un monde rural africain pourtant assez peu scolarisé. Cette approche ne serait pas suffisante, car la durabilité et la stabilité de la croissance dépendent de la capacité des pays africains à produire, transformer et éventuellement exporter des produits sur les marchés internationaux. Ceci nécessite d'intégrer de manière stratégique les chaînes de valeur nationales, régionales et internationales, en prenant exemple sur ce que propose l'agenda coton-textile en Afrique de l'Ouest. Une transformation structurelle reposant sur les matières premières, et notamment sur la création de valeur ajoutée après leur production, aura probablement des retombées à long terme en stimulant directement la croissance de ce secteur (qu'il soit extractif ou agricole) et indirectement des autres secteurs de l'économie (industrie et secteur tertiaire).

Dans le court et le moyen termes, l'objectif de transformation structurelle suffit et pourrait être le sillage d'un véritable processus de refondation de l'économie dans le long terme. Il importe de signaler, ou d'en faire une hypothèse fondamentale, que la transformation structurelle et la refondation reposent sur une prospective rigoureuse qui dépend du crédit que les pouvoirs publics vont donner aux connaissances, aux compétences, aux statistiques, aux données probantes et aux informations, en général. Il est indispensable de réhabiliter le culte du savoir et de la compétence auquel Senghor et Diouf s'étaient pourtant bien exercés. Le défaut d'utilisation des résultats des études scientifiques et le cloisonnement de la recherche universitaire vis-à-vis des sphères de décision sont également des situations inhibitrices à éradiquer. L'utilisation des données probantes dans les choix publics est une nécessité implacable pour atteindre les objectifs escomptés. La prospective doit servir de boussole pour piloter la refondation et le décollage économiques. Depuis les années 1980, le Sénégal a subi d'importants préjudices économiques et financiers sur des partenariats public/privé conclus sans réelles études prospectives d'appui à la contractualisation et à la prise de décision. C'est le cas de la privatisation de la Sénélec en 1998, avortée en 2000, de la licence bradée à 50 millions F CFA à Sentel GSM en 1999, du contrat, resté sans effet, conclu en 2004 avec Arcelor Mittal ou la construction sur dix longues années, à partir de décembre 2017, de l'aéroport international Blaise Diagne après 5 avenants. Le graphique ci-dessous donne quelques bases de prospective.

Figure 2 : Situation de base envisageable au service de la prospective (**source** : Ndiaye, 2022)

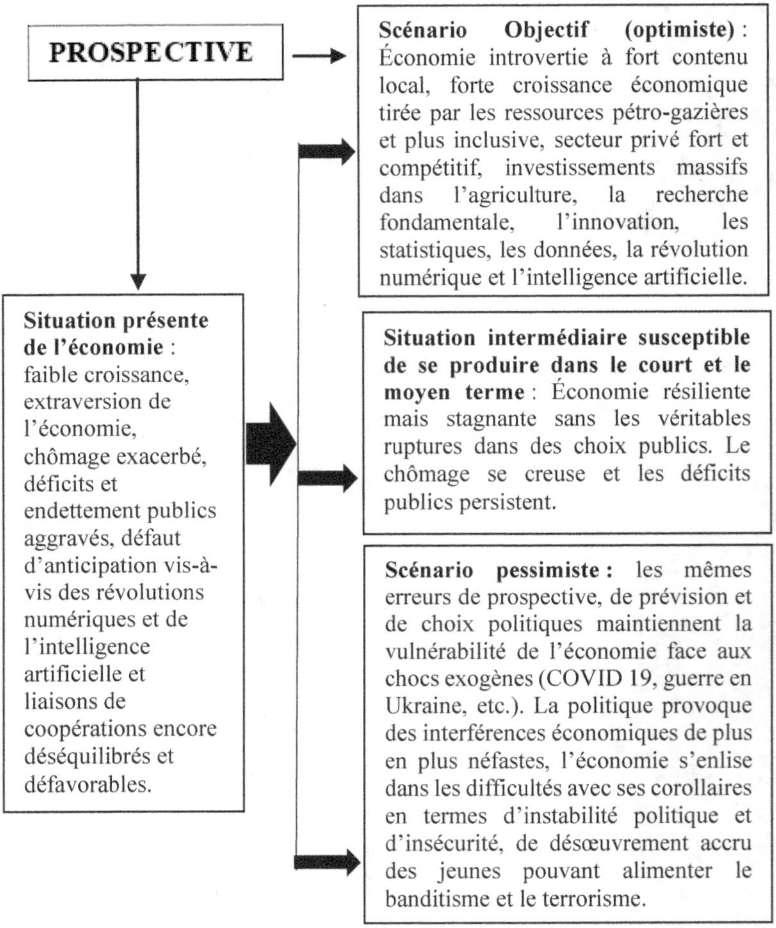

La refondation de l'économie repose sur un coût collectif important que la mauvaise dynamique actuelle des finances publiques risque de compromettre dans le court et le moyen termes en dépit de l'espoir attaché à l'exploitation imminente du pétrole et du gaz. Il faut préalablement lever toutes les zones d'ombre qui risquent d'inhiber les capacités pour l'État sénégalais d'engager et de réussir cette refondation économique impérative dans le moyen et long termes. L'État sénégalais a, toutefois, réalisé des avancées remarquables sur la mobilisation des ressources budgétaires internes qui, sous l'impulsion de la Stratégie de recettes à moyen terme (SRMT), n'ont cessé d'augmenter à deux chiffres ces dernières années. Ces recettes ont cru de 12,6 % en une année, passant de 3 232,1 milliards de francs CFA en 2022 à 3 640,5 milliards de francs CFA en 2023. Mais ces résultats demeurent insuffisants par rapport aux niveaux du déficit budgétaire, du service total de la dette publique (plus de 40 % des recettes) et du ratio dette publique sur PIB qui a franchi les 70 % en 2023. Dans la loi de finances 2023, les charges financières de la dette bilatérale sont plus faibles (30 % des remboursements), suivies de celles de la dette multilatérale (25 % des remboursements). Les charges financières de la dette intérieure se situent aux environs de 30 % des remboursements. Les charges financières de la dette commerciale (eurobonds et emprunts auprès des banques internationales) sont très élevées alors que ces crédits commerciaux constituent près de 40 % du principal de l'encours de la dette extérieure. L'on peut légitimement se poser la question de savoir l'utilité des 7 356 milliards de francs CFA d'engagements que les bailleurs bilatéraux et multilatéraux avaient pris en 2018 au groupe consultatif de Paris en faveur de l'exécution de la phase 2 du PSE. Puisqu'il y a encore des marges d'emprunts concessionnels auprès des partenaires étrangers avec des charges financières largement moins élevées, pourquoi cette préférence et cette ruée vers les crédits commerciaux ?

Corriger la macrocéphalie de Dakar et donner plus d'envergure à l'économie rurale

La refondation de l'économie ne peut être réussie sans la concrétisation des ajustements attendus sur la macrocéphalie de Dakar. Sur le plan de l'emploi, Dakar recèle 51,7 % des employés alors que partout ailleurs, le niveau de la part dans l'emploi est inférieur à 10 % (0,7 % à Kédougou). L'essentiel des travailleurs du secteur formel est à Dakar (87,4 %). Dans les autres régions, l'emploi formel cumulé représente seulement un peu plus de 12 %. Dakar domine également dans l'emploi informel avec 35,9 % des travailleurs. À part Thiès (11,3 %), Kaolack (8,2 %), Diourbel (8,2 %) et Saint Louis (7,9 %), les autres régions ont une part dans l'emploi informel variant entre 1 % et 5 %. Le faible niveau de productivité du secteur informel est établi par le nombre d'employés utilisés (plus de 90 % du personnel en activité) et le chiffre d'affaires réalisé, en comparaison au secteur formel qui réalise un chiffre d'affaires beaucoup plus élevé et avec moins de personnel. Cependant, la démarche plébiscitée par les pouvoirs politiques depuis les années 60 était que le chômage soit primordialement abordé sous l'angle du freinage de l'exode rural en érigeant des villes émergentes à l'échelle de tout le pays avec le support du parachèvement de la décentralisation dans sa double dimension politique et économique.

Le constat unanimement partagé est que les importants projets lancés à Dakar depuis l'Agence nationale pour l'organisation de la Conférence Islamique (ANOCI, 2006) ont eu un effet d'éviction sur les importants investissements d'équilibrage qui doivent être effectués dans les autres localités du pays. De 2006 à 2009, l'Agence nationale pour l'organisation de la conférence islamique (ANOCI) a mobilisé plus de 400 milliards de francs CFA à Dakar où 466 milliards de francs CFA ont été aussi dépensés pour l'Autoroute à péage Dakar/AIBD à partir de 2008. Il faut y ajouter les près de 1 000 milliards FCFA mobilisés pour le Train express régional (TER), les 32 milliards de francs CFA de l'Arène nationale, les 66 milliards de francs CFA dépensés pour Dakar ARENA, les 21 milliards de francs CFA déboursés pour la Cité de l'émergence, les 39 milliards de francs CFA consacrés à la réfection du building administratif, les 56 milliards de francs CFA dépensés pour les Sphères ministérielles de Diamniadio, les 65 milliards de francs CFA mobilisés pour le Centre de conférence Abdou DIOUF, les 422 milliards finalement injectés dans la construction de l'Aéroport international Blaise DIAGNE (AIBD), les 100 milliards de francs CFA consacrés à la Gare des gros-porteurs et Dakar Expo Center, les 403 milliards de francs CFA déboursés dans la réalisation du Bus Rapid Transit (BRT), les 100 milliards de francs CFA prévus pour le palais présidentiel secondaire et les 100 000 logements sociaux en construction dont la majeure partie est programmée pour Dakar et ses environs. La liste n'est pas exhaustive, et si on y ajoute tous les échangeurs construits dans la région de Dakar depuis 2012, on se rend compte qu'en un peu moins de 15 ans la capitale sénégalaise a englouti plus de 5 000 milliards de francs CFA de ressources publiques, soit à peu près toute la croissance économique nominale engrangée dans la période.

Le paradoxe est que ces faramineux investissements réalisés à Dakar, depuis l'ANOCI en 2006, n'ont pas changé la situation économique réelle du pays. L'enquête sur la pauvreté de 2014 indique qu'à Dakar 38,2 % de la population se considèrent comme pauvres, soit 12 % de plus que les 26,2 % d'incidence de pauvreté calculée en 2011. Les investissements effectués à Dakar, à partir de 2013, n'ont pas eu un meilleur impact puisqu'en 2019, les nouveaux chiffres officiels montrent que la pauvreté globale dans le pays est encore montée à 37 % alors qu'elle s'était établie à 34 % en 2017 selon les chiffres de l'ANSD (2018, 2020). Et, même si ces projets réalisés à Dakar sont utiles, ils doivent être abordés dans une limite et suivant un arbitrage qui puissent permettre, à la fois, de freiner cette macrocéphalie économiquement stérile de Dakar et de résorber les disparités économiques territoriales. L'idéal est de financer des villes émergentes et investir dans les autres localités afin de freiner l'exode rural et retenir les populations dans leurs terroirs. Le phénomène de l'exode rural est en même temps un déplacement des problèmes du chômage et du travail précaire (et appauvrissant) vers Dakar.

L'économie rurale repose sur l'agriculture d'où il est attendu l'essentiel des créations d'emplois nécessaires pour occuper la majorité des jeunes. La maigre part de l'agriculture dans le PIB (environ 15 %) indique que la valeur ajoutée par travailleur est très faible relativement à la quantité importante de main-d'œuvre qu'elle utilise (70 % de la main-d'œuvre). Les travaux de Hathie et al (2015) dans trois zones agro-écologiques du Sénégal confirment ce faible niveau de la productivité du travail dont dépend la mise en valeur du grand potentiel agricole en faveur de l'emploi agricole et non agricole dans les zones rurales. Les jeunes qui constituent la principale force de travail dans ces exploitations agricoles (qui sont familiales à 90 %), sont les plus impactés par le niveau faible de la productivité agricole. Cette faiblesse de la productivité, combinée avec la grande pénibilité du travail agricole, poussent les jeunes à l'exode vers les centres urbains ou à l'étranger pour trouver un travail décent. Jusque dans les années 2000, les chevaux qui servent dans l'agriculture familiale pendant la saison des pluies (juin, juillet, août, septembre) sont utilisés pour du transport de marchandises et d'ordures durant les autres mois de l'année au niveau des centres urbains. Depuis le début des années 2010, et malgré les multiples plans comme le Retour vers l'agriculture (REVA) et la GOANA, le fait de voir ces mêmes chevaux utilisés à Dakar et dans les autres villes du pays durant la saison des pluies, permet de constater l'ampleur de l'effritement de la main-d'œuvre et de l'activité agricoles. Certains jeunes nourrissent l'ambition d'émigrer et souvent clandestinement, et d'autres sont de plus en plus tentés par le commerce ambulant de marchandises (en majorité importée), la conduite de *motos Jakarta* et de *Tiak Tiak* ou d'autres activités telles que le gardiennage en ville.

Sur le plan de la décentralisation, il s'agit d'aller beaucoup plus loin dans les transferts de fonds qui doivent accompagner les transferts de compétences aux collectivités territoriales et de songer à l'érection de véritables pôles territoriaux de développement susceptibles de porter la création d'emplois au niveau local. Mais au lieu de songer à l'approfondissement de la décentralisation économique, le dessein politicien a poussé l'autorité publique à concentrer des ressources colossales dans des programmes présidentiels instrumentalisés pour favoriser les actions politiques des élus du parti à la base et ses autres bastions de clientèles politiques. Le PUMA, le PUDC, Promo-villes et le PACASEN ont mobilisé en moins de dix ans un budget cumulé qui avoisine 1 000 milliards de francs CFA, dont l'usage en matière de décentralisation financière aurait permis de mieux résorber le retard de plusieurs localités de l'intérieur du pays.

Forger un secteur privé debout et s'industrialiser

Le modèle de développement adopté par les pays africains depuis leurs indépendances n'a pas été opérant et il a mené à des blocages économiques justificatifs de l'ajustement structurel édicté par le Fonds monétaire international (Fmi) à partir de 1980. Le constat actuel est que les pays africains sont restés en majorité des déserts industriels où le processus d'une véritable industrialisation doit être enclenché sans délai. La question de l'industrialisation de l'Afrique fut, d'abord, posée lors de l'élaboration du fameux Plan d'actions de Lagos initiée en 1982. Mais ce plan a finalement buté sur les égoïsmes nationalistes faisant penser à certains Africains qu'ils peuvent se développer sans les autres en valorisant leurs atouts spécifiques basés, en général, sur les ressources tarissables du sous-sol. Ce comportement nationaliste est le facteur persistant qui a neutralisé tous les efforts d'intégration économique et commerciale menés depuis la création de l'Organisation de l'unité africaine (OUA) en 1963, puis de l'Union africaine (UA) en 2002.

Il est, tout de même, important de donner un contenu à ce concept d'industrialisation qui est de plus en plus utilisé en Afrique sans que soient précisées sa véritable signification et la philosophie qui doit la sous-tendre. Le rapprochement avec l'artisanat permet de comprendre sa signification à travers le trait d'union entre l'usage d'une matière première et sa transformation industrielle. Cela fait également penser au devenir du travail manufacturier face à la mécanisation de la production. Il est vrai que jusqu'au lendemain de la révolution industrielle, puis de la chimie et de l'électricité, l'accès aux technologies assurait aux Occidentaux un avantage comparatif pour l'industrie. Il était alors plus justifié que les pays africains se spécialisent dans la vente de matières premières et l'achat de produits finis importés. Cette configuration les a permanemment exposés à des déficits économiques internes et externes récurrents depuis leurs indépendances.

Cette erreur de perception a longtemps endormi les leaders africains en les désorientant vis-à-vis des véritables options stratégiques dans l'élaboration de leurs politiques économiques. Au même moment, un pays comme la Corée du Sud a rejeté les injonctions étrangères, a cru en son potentiel d'industrialisation et a investi massivement dans l'éducation et la formation, ce qui lui a permis d'atteindre son niveau actuel de croissance endogène, de progrès technologique et d'industrialisation. Le revenu par habitant du Sénégal était le double de celui de la Corée du Sud en 1960 et la Corée du Sud a atteint un revenu par habitant qui est égal à 30 fois celui du Sénégal en 2019. Singapour, Malaisie, Chine, Taïwan, Indonésie, Brésil, Inde et d'autres pays émergents, sont autant d'exemples de réussites économiques basées sur des stratégies de gouvernance appropriées, et qui doivent être à la fois des sources de prise de conscience et d'inspiration pour les États africains. Les populations africaines se sont maintenant réveillées et les pratiques d'exploitation impérialiste ne peuvent plus prospérer comme avant. Samir Amin (2014)[15] souligne qu'après des centaines d'années de colonisation, il n'y avait que six diplômés universitaires au Zaïre (actuel République Démocratique du Congo) en 1960, alors qu'en 2000 après seulement 50 ans d'indépendance, la RD Congo a formé plus de 300 000 diplômés.

De nos jours, l'argument du capital humain ne tient donc plus puisque l'Afrique en regorge beaucoup et de bonne qualité, de même que celui du retard technologique ne tient plus puisque les potentialités de recherches et d'innovations du continent sont plus que jamais pointues et suffisantes. Dans son ouvrage intitulé *« L'industrialisation de l'Afrique est possible : quel modèle pour le Sénégal »*, Moustapha Kassé (2013) souligne que par la géostratégie des matières premières, l'Afrique est introduite dans le jeu économique planétaire et qu'en rapprochant les intérêts économiques, financiers et technologiques du continent à ceux des grands

[15] Émission, Questions Directes, ITV, Dakar, 2014.

pays émergents, il est possible de construire ou rebâtir en Afrique des politiques industrielles compétitives. Kassé (2013) ajoute qu'aujourd'hui, les conditions sont réunies, il reste le temps de l'action d'un management public en étroite collaboration avec le secteur privé.

Il faut reconnaître que les querelles autour du pouvoir et les objectifs de réélection des régimes installés ont perpétuellement été la source d'interférences politiciennes très négatives sur les économies africaines depuis les indépendances. Elles ont plongé les pays dans une récréation permanente et dans des logiques investisseuricides vis-à-vis des détenteurs nationaux de capitaux. D'ailleurs, l'absence d'un secteur privé fort a été la principale gangrène pour la constitution d'un fonds substantiel de résilience à la Covid-19 en 2020 au Sénégal. Les investisseurs étrangers qui raflent chaque année l'essentiel des marchés publics et bénéficient des dépenses fiscales de l'État sénégalais étaient allés secourir la résilience de leurs États. Dès lors, le principal support de résilience économique en Afrique, dans la perspective des autres crises mondiales prévisibles, doit être le secteur privé africain qu'il faut, dorénavant, mettre au cœur du processus d'industrialisation. L'Afrique ne se développera pas avec le capital étranger et 63 années d'observation suffisent pour en arriver à cette conclusion. Toutefois, le secteur privé africain doit trouver un cadre d'actions coordonnées et de synergies pour être significatif, visible et perceptible sur l'échiquier économique mondial. Si avec 59 % de contrôle du pétrole mondial, l'organisation des pays exportateurs de pétrole (OPEP) fonctionne sous forme de cartel, pourquoi avec près de 70 % de contrôle du cacao mondial (39 % en Côte d'Ivoire, 21 % au Ghana, 5 % au Cameroun et au Nigéria), il n'y a pas de cartel du cacao en Afrique ? La réponse est simple : les Africains n'ont aucune maîtrise sur la finance et sur la logistique industrielle et des transports.

La faiblesse du secteur privé africain offre, ainsi, un pilier de chantage non négligeable utilisé par les multinationales pour dominer le marché de tous les intrants et maintenir leur mainmise sur les matières premières africaines. Il est temps que le secteur privé africain atteigne la masse critique pouvant lui permettre d'assurer l'exécution de l'essentiel des marchés publics et de s'engager dans des exploitations industrielles d'une envergure suffisante pour relever les défis de la compétitivité à travers les rendements d'échelle. Il faut également une solution d'urgence à l'absence d'un réseau bancaire et financier à la fois autonome et performant, surtout en Afrique subsaharienne et, plus particulièrement, dans la zone CFA. Les grands marchés publics requièrent des contraintes de capacité qui disqualifient généralement les privés nationaux. En effet, il faut souvent disposer d'une capacité de préfinancement suffisante pour contribuer à la célérité des travaux publics. C'est pourquoi, les marchés à centaines de milliards de francs CFA sont raflés par des multinationales étrangères (françaises, chinoises, turques, etc.) qui, à défaut d'autofinancements, peuvent compter sur un réseau financier approprié. Les Français peuvent compter sur leurs réseaux bancaires bien implantés en Afrique. Les Turcs sont accompagnés par des fonds spécifiques, les Marocains par la Banque marocaine pour le commerce extérieur (BMCE) et les Chinois par leur Exim Bank qui a ses tentacules en Afrique.

Le Club des investisseurs sénégalais (CIS) a initié, depuis quelques années, les jeudis de l'investissement organisés chaque mois, qui offrent une tribune d'échanges assez représentative dont les avis peuvent être généralisés aux niveaux national et africain suivant une logique de complémentarité et de synergie vis-à-vis des actions similaires dévoilées régulièrement par d'autres organisations patronales comme la Confédération nationale des employeurs du Sénégal (CNES), le Conseil national du patronat (CNP) ou le Mouvement des entreprises du Sénégal (MEDS). Mais le patronat sénégalais reste encore très désorganisé. Il est plus que jamais interpellé par le défi d'unification et de synergies pour que le secteur privé national puisse parler d'une seule voix et constituer des consortiums aptes à exécuter l'essentiel de la commande publique et des partenariats public/privé. Le capital sénégalais doit être, sans ambages, le moteur primordial de la croissance économique et de l'emploi. Le moment est venu de lui donner l'envergure et la masse critique suffisantes lui permettant d'assumer sa responsabilité dans la marche vers l'industrialisation et la souveraineté économique. Il est, dès lors, impératif de réinventer le modèle d'entreprise sénégalaise, renforcer le modèle d'accompagnement des industries naissantes, affiner les stratégies de spécialisation agro-industrielle et généraliser la démarche des Zones économiques spéciales (ZES) en y intégrant le secteur agricole.

S'insérer résolument dans la révolution numérique

Schumpeter (1939) avait montré que le progrès technique apparaît sous forme de grappes d'innovations. L'introduction d'une innovation majeure (généralement causée par la prise de risque d'entrepreneurs innovateurs) permet l'apparition et le développement de toute une série d'innovations dérivées. En 1929, Kondratiev avait déjà établi l'existence de cycles économiques longs alternant des phases d'ascendance et de descendance économiques d'une durée d'environ 50 à 60 années. Schumpeter va alors lier ces phases à l'évolution des innovations : la phase ascendante d'un cycle est liée à une innovation majeure qui va entraîner les grappes d'innovations. Sous cet angle, les néo-schumpétériens considèrent que la croissance économique des Trente Glorieuses années en Europe (forte croissance enregistrée de 1945 à 1975) s'explique par la révolution liée à l'énergie pétrolière, à la chimie et à l'aéronautique.

Dans les années 1980 et 1990, une nouvelle phase ascendante a été amorcée avec le développement de l'informatique alors que la révolution numérique amorcée au début des années 2000 n'a pas encore estompé la crise économique qui s'est maintenant bien propagée à travers le monde. La durée du cycle de Kondratiev semble s'être rétrécie entre la révolution de l'informatique et la révolution numérique, témoignant de la rapidité actuelle du progrès technique. Mais même si elle apparaît comme une révolution à part entière, la révolution numérique peut être située dans les grappes d'innovations de la révolution de l'informatique. Dopées à l'intelligence artificielle, l'informatique et la révolution numérique constituent le nouveau support, de plus en plus exclusif, de la croissance économique et de l'emploi. Elle est en train de tuer silencieusement une bonne partie de l'emploi moins qualifié. Plusieurs métiers et emplois intermédiaires comme les guichetiers, les caissiers et autres vendeurs, sont en train de disparaître à la grande faveur de la rentabilité, notamment pour les grandes multinationales.

Jean Tirole (2016) souligne que l'évolution amplement inquiétante de l'emploi porte sur deux volets distincts : le travail indépendant et le chômage. Le travail indépendant est ancien et concerne des secteurs variés tels que l'agriculture, le commerce et toutes les autres professions libérales. Les intérimaires, les journalistes à la pige, les intermittents du spectacle, les consultants free-lance ont toujours travaillé pour plusieurs employeurs. Il cite aussi les secondes sources de revenus comme les cours à domicile dispensés par les enseignants, les petits boulots des étudiants, etc. Certains préfèrent la sécurité relative du salariat et le confort de faire partie d'une organisation fonctionnant de façon autonome. D'autres privilégient la grande liberté associée à l'entrepreneuriat et à l'auto-emploi. A la question de savoir si le travail indépendant va se généraliser au détriment d'un salariat voué à disparaître, Jean Tirole (2016) rétorque qu'il y aura certainement un déplacement progressif vers plus de travail indépendant, mais en aucun cas une disparition du salariat. Il illustre sa position à partir du transport routier où les chauffeurs routiers sont parfois salariés, mais que ce salariat est limité par l'aléa moral : l'employeur est concerné par un mauvais traitement du véhicule par son chauffeur, alors que le routier indépendant aura toutes les incitations à bien s'en occuper. La numérisation peut ici faciliter le salariat : l'entreprise de transports routiers peut désormais posséder les camions et surveiller le mode de conduite du chauffeur plus facilement grâce à l'apparition d'informatique embarquée.

Cependant, il est légitime de s'inquiéter du rythme avec lequel la numérisation détruit les emplois surtout dans les pays consommateurs de technologie comme le Sénégal. Aussi bien en Occident qu'en Afrique, l'on redoute la perspective d'un chômage massif créée par cette révolution numérique. Des tendances réelles justifient ces craintes. En 2014, le PDG[16] de l'entreprise taïwanaise Foxconn (fabricant de produits électroniques, implantée à Shenzhen et en Chine où elle emploie 1,2 million de personnes) disait que sa société allait bientôt utiliser des robots pour assembler les appareils, en particulier pour fabriquer les nouveaux iPhones. Au-delà de cette robotisation, plusieurs emplois consacrés à des tâches routinières (donc codifiables) telles que le classement d'informations, ont été supprimés. Dans le même sillage, les transactions bancaires

[16] Cité par Tirole (2016)

ont été informatisées, les chèques sont traités par lecture optique et les centres d'appel utilisent des logiciels pour raccourcir la durée de conversation entre client et employé. Les libraires et les disquaires ont aussi disparu dans de nombreuses villes occidentales. Dans le domaine de la médecine (médecine connectée), l'intelligence artificielle permet également de faire des interventions avec un risque minimisé de blessures collatérales mortelles (notamment sur les vaisseaux sanguins) et d'éviter les mauvaises interprétations des résultats d'IRM.

Les pays émergents et sous-développés attiraient l'investissement et les créations d'emplois avec leurs bas salaires. Actuellement, leur décollage économique est menacé par la robotisation, l'intelligence artificielle qui permet à des logiciels de répondre quasiment comme des humains, de même que par d'autres innovations numériques qui substituent du capital au travail. C'est tout l'argument qui sous-tend le grand risque de disparition annoncée au Sénégal d'un nombre important d'emplois au niveau des banques et de la distribution commerciale. Certaines banques, comme la Société générale, en ont déjà annoncé la couleur il y a quelques années. Les travaux de David Autor (2015), portant sur les États-Unis et l'Europe durant 30 ans à compter des années 1980, sont illustrateurs sur les conséquences de ces innovations. Ils ont trouvé que la révolution numérique bénéficie aux employés très qualifiés dont les compétences sont complémentaires de l'informatique et elle diminue réellement le nombre d'employés qui peuvent être remplacés par les ordinateurs et les robots. Par exemple, un distributeur de billets vérifie le numéro de carte, le code secret, le solde du compte bancaire et donne l'autorisation de débiter le compte. Il suffit donc de programmer ces opérations pour remplacer le caissier de banque. Aux États-Unis, des algorithmes peuvent permettre de prédire une décision de la Cour suprême en matière de brevets aussi bien que le feraient des juristes très experts sur le sujet.

Erik Brynjolfsson et Andrew McAfee[17] écrivent en 2015 : « En 1930, après que l'électrification et le moteur à combustion interne ont pris leur essor, John Maynard Keynes prédisait que de telles innovations conduiraient à une augmentation de la prospérité matérielle, mais aussi à un *chômage technologique généralisé*. À l'aube de l'ère de l'ordinateur, en 1964, un groupe de scientifiques et théoriciens sociaux envoya une lettre ouverte au Président américain Lyndon Johnson avertissant que la cybernétique aboutira à un système productif de capacité presque illimitée et qui nécessitera de moins en moins de travail humain ». Cependant, il faut mettre un bémol à ces types de croyances rigides sur le caractère destructif d'emplois de la technologie. Tirole (2016) relate que les prédictions alarmistes sur la disparition de l'emploi ne se sont jamais réalisées. En moins d'un siècle, l'emploi agricole aux États-Unis est passé de 41 % à 2 % de travailleurs, mais le chômage n'y est que de 5 %, corroborant le fait que les emplois détruits sont compensés par de nouveaux emplois. Le progrès technologique ne nuit donc pas à l'emploi au niveau agrégé. Il détruit des emplois et en crée d'autres : dans le domaine digital, les emplois créés les plus visibles sont ceux liés à l'informatique et à la gestion des sites web.

En tout état de cause, les pays africains ont raté leur décollage économique lors des deux premières révolutions industrielles durant lesquelles ils ont été de simples fournisseurs de matières premières à l'Occident. La première révolution industrielle (1760-1875) est partie de la Grande Bretagne avec le développement de la sidérurgie, de la machine à tisser et de la machine à vapeur. La

[17] Dans "Will Humans Go the Way of Horses ?", *Foreign Affairs*, juillet-août 2015, Traduit par Jean Tirole (2016).

deuxième révolution industrielle (1890-1965) est celle de la chimie, de l'électricité et de la machine à combustion. Les pays africains ne devraient donc surtout pas rater cette révolution numérique en cours portée par les nouvelles technologies de l'information et de la communication et qui concernent les trois supports fondamentaux de l'économie moderne que sont la téléphonie, l'audiovisuel et l'informatique.

<u>Quid du capitalisme sauvage ?</u>

Le capitalisme s'est adapté à tous les mouvements contradicteurs depuis Karl Marx pour imposer sa logique de quête du maximum de profits au mépris de la dimension sociale du développement. Aux 18ème et 19ème siècles, le capitalisme était de type marchand avec la recherche de matières premières et de marchés basée sur la domination de l'espace, d'où les rivalités entre les puissances coloniales à l'époque. Ensuite, est venue l'ère du capitalisme industriel qui reposait sur l'usage des machines pour produire davantage en moins de temps (maîtrise du temps). Avec les Nouvelles technologies de l'information et de la communication (NTIC), le capitalisme s'est orienté vers la maîtrise du savoir et des connaissances qui sont devenus l'ingrédient principal de l'activité productive. On est maintenant dans l'ère du capitalisme mondialisé fondé sur les NTIC et la finance globalisée, qui se sont accélérées avec la révolution numérique qui est, elle-même, maintenant dopée par l'intelligence artificielle.

Rifkin (2014) écrit, par contre, que trois innovations conjointes, l'Internet de la communication, l'Internet de l'énergie et l'Internet de la logistique vont donner naissance à l'Internet des objets, qui stimulera la productivité jusqu'au point où le coût marginal de production de nombreux biens et services est quasi nul, ce qui les rend presque gratuits. Selon lui : « Il devient flagrant que, dans toute une série de secteurs commerciaux, un nombre croissant d'entreprises capitalistes géantes confrontées, dès à présent, à l'effondrement de leurs marges ne puissent pas survivre très longtemps au raz-de-marée des coûts marginaux quasi nuls dans la production et la livraison des biens et services… Au minimum, nous pouvons affirmer que les marchés capitalistes traditionnels perdront de plus en plus leur emprise sur l'économie et les échanges mondiaux : dans les années qui viennent, les coûts marginaux quasi nuls vont pousser une part toujours plus grande de l'activité économique vers les communaux collaboratifs ».

Il demeure que le capitalisme et le moule dominant de théories dites orthodoxes qu'il a promues sont propres à dépouiller la science économique de sa substance éthique et morale. Cette théorie économique orthodoxe a favorisé le culte de l'efficacité et de la performance qui, suivant une logique de sélection naturelle, ne laisse aucune chance aux plus faibles, là où les théories dites hétérodoxes tiennent compte des valeurs de solidarité et de partage. Ces théories orthodoxes ont en même temps promu, défendu et organisé la profanation de tous les équilibres qui fondent l'harmonie qui doit exister entre les hommes, entre les hommes et la nature et entre les hommes d'une génération à l'autre. Cette loi du plus fort est difficile à combattre puisque le développement de ses tentacules à travers le monde repose sur la corruption à grande échelle des élites politiques et scientifiques. Tel est le nœud de l'équation à mille inconnus que l'humanité doit résoudre dans son combat pour une économie plus regardante en matière de moralité et d'équité sociale, puisque l'argent est pire que l'opium dans ce monde matérialiste.

La plupart des travaux que le politologue Axelrod a réalisés à partir des années 80 ont porté sur la théorie du comportement coopératif et ils ont largement statué sur la problématique de la réussite dans un monde d'égoïstes. Les expériences effectuées dans ce qui est désigné en théorie des jeux par la *Bataille des Nageurs* mettent en avant un équilibre de Nash[18] et un équilibre d'Axelrod. L'équilibre d'Axelrod est satisfaisant mais pas équilibré. L'équilibre de Nash reste un équilibre même s'il n'est pas globalement satisfaisant. Ces expériences ont corroboré le fait que dans un dilemme de prisonnier[19] répété en action motrice, l'agressivité est la clé de la réussite. Dès lors, c'est suivant l'objectif implacable de maximisation des profits dicté par le capitalisme, que le gain égoïste est systématiquement préféré au gain limité altruiste et mutuel pouvant mener à l'équilibre (de Nash). Le monde est ainsi régi par ce modèle d'accumulation du capital, qui est agressif à la fois à l'égard de la nature, des plus faibles et des valeurs morales.

Dès lors, loin d'être un malheur, la pandémie de la Covid-19 est une véritable miséricorde. Par ce petit virus invisible qui a profondément bouleversé les habitudes des humains, restreint leurs activités et laminé leurs ressources financières, le Seigneur Tout-Puissant a simplement voulu rappeler à l'homme sa vulnérabilité afin de lui enjoindre au respect de soi, au respect des autres humains, au respect de la Nature et à mettre en avant l'essence spirituelle de son existence. Cette pandémie doit, en effet, être disséquée sous le double angle spirituel et matériel (environnemental, sociologique, anthropologique, théologique, économique, scientifique, géopolitique, etc.). La pandémie de la Covid-19 a ainsi introduit de profondes mutations sociétales et elle

---

[18] L'équilibre de Nash est celui dans lequel chaque acteur est satisfait de son choix, quel que soit le choix des autres.

[19] Le dilemme du prisonnier est un paradoxe dans l'analyse des décisions où deux individus agissant dans leur propre intérêt ne produisent pas le résultat optimal.

a remis en cause plusieurs paradigmes d'analyses, jusque-là, dominants dans la pensée économique.

Elle a fait rejaillir et accentué les visées nationalistes et de souveraineté telles que les ont clairement exprimées tous les dirigeants du monde sur les plans sanitaire et alimentaire en 2020. Elle a également montré les grandes vulnérabilités qui caractérisent les relations économiques internationales. La chute vertigineuse des débouchés internationaux de la production a causé un effondrement de l'activité économique mondiale avec plusieurs milliers de milliards US dollars de pertes à compter de février 2020. Elle a, enfin, mis en relief que le modèle capitaliste d'accumulation et d'allocation des richesses a montré ses limites et qu'il doit être remis en cause, rien qu'en constatant le grand dévoilement d'actions sociales et d'assistance qui a été opéré à travers la planète. Au nom de la résilience, l'économie mondiale s'est inscrite dans une logique de fonctionnement qui corrobore les théories keynésiennes sur le rôle des États, de même que les idées marxistes sur la dimension sociale comme fil conducteur de toute action économique dans les sociétés humaines. La Covid-19 a ainsi momentanément réhabilité la fibre morale des activités économiques que l'orthodoxie ultralibérale était parvenue à anéantir depuis les années 90 avec la généralisation du modèle d'économie de marché à l'échelle planétaire. La lutte contre le chômage aura nécessairement comme corollaire l'atténuation drastique de cette dynamique capitaliste qui foule au pied la dimension sociale de la répartition des richesses.

Chapitre II

Sauvegarder et améliorer l'existant en matière d'activités et d'emplois

La lutte contre le chômage est sous le couperet de trois problèmes majeurs au Sénégal : 1°) dans tous les secteurs, notamment secondaire et primaire, les entreprises sénégalaises sont fragiles et la mortalité des industries naissantes est estimée à près de 80 % avant leurs deux premières années d'existence. 2°) Le modèle de l'entreprise sénégalaise est généralement de type familial, il est souvent éphémère et il n'est pas suffisamment adapté aux exigences de la révolution numérique. 3°) La révolution numérique est, elle-même, une réelle menace pour beaucoup d'emplois. La lutte contre le chômage ne peut ainsi porter des fruits positifs et perceptibles sans une démarche adéquate de sauvegarde des entreprises et des emplois existants. Le chômage ne diminuera qu'avec un emploi agrégé suscitant des créations nettes d'emplois significatives.

1. Lever les obstacles à la création massive d'entreprises fortes et pérennes

En attendant le parachèvement de la refondation économique, il faut de manière incrémentale partir de l'existant en matière d'activités et d'emplois afin d'esquisser les contours d'une sauvegarde solide des acquis. En même temps, il faut baliser le champ économique pour une création massive d'emplois dans le court et le moyen termes. Il faut y aller avec une vision renouvelée, soutenue par des mentalités impérativement hissées à la hauteur des objectifs escomptés. Il faut aussi tirer le secteur privé national vers la masse critique de l'éclosion de son potentiel et sortir du cercle vicieux de la croissance économique au service du capitalisme.

Repenser la vision liée à l'entrepreneuriat et y adapter les mentalités

La souveraineté et le patriotisme économiques sont deux concepts souvent théorisés par le patronat et les intellectuels sénégalais pour soutenir et fortifier le tissu économique national, mais ils sonnent à la fois comme un euphémisme et un pléonasme. Un euphémisme vis-à-vis des partenariats qui engagent le Sénégal sur plusieurs fronts économiques avec les multinationales et les États étrangers. Un pléonasme vis-à-vis des réflexions et des propositions mieux raisonnables déjà formulées par des patriotes comme Mamadou Dia et Cheikh Anta Diop dans plusieurs ouvrages accessibles. Les ressources grises pour organiser les transformations structurelles et la refondation socio-économique existent à foison dans ce pays. En plus de Mamadou Dia et Cheikh Anta Diop qui ont finalement eu raison sur tout le monde, Samir Amin, Amady Aly Dieng, Matar Diouf, Moustapha Kassé et Alioune Sall d'*African Futures Institute* ont également été les auteurs d'œuvres sur l'économie et la société qui n'ont même pas encore connu de début d'exploitation. Le décollage socio-économique et la création d'entreprises doivent forcément reposer sur une théorisation et une vision propres, adaptées aux réalités du pays, de même que sur les changements mentaux et le leadership convenables. Le leadership doit être entendu comme cette exigence d'élites qui se donnent la mission sacerdotale de porter la collectivité de la situation actuelle vers un niveau de résilience et de développement supérieurs. D'ailleurs, dans son argumentaire en faveur de la création des Dahiras[20], le vénéré guide, Serigne Babacar SY[21], disait qu'à force de se regrouper et d'échanger sur les plans spirituel et matériel, les mieux lotis sur ce double plan finiront par tirer à leur niveau le moins loti.

Par contre, au Sénégal, c'est là où l'on s'attend le plus à l'exemplarité que l'on retrouve les comportements les plus condamnables, l'autorité publique en tête. Comment peut-on inciter un cadre nommé à une responsabilité à faire des résultats et, en même temps, lui enjoindre de politiser l'institution qu'il dirige à l'image de l'appel du Président Macky Sall aux cadres de son parti lors des élections locales de 2014 ? Comment peut-on inciter les jeunes à croire aux études alors que le mérite et l'égalité des chances sont foulés aux pieds et qu'il suffit juste de se faire remarquer en militantisme politicien pour avoir une bonne promotion quel que soit son niveau de formation ? Comment espérer que les jeunes aient confiance en l'effort et le travail lorsque faire de la politique ou exploiter son statut religieux peut mener à l'enrichissement ? Comment promouvoir les valeurs d'honnêteté, de dignité et de droiture auprès des jeunes dans un pays où même des fonctionnaires sont devenus milliardaires ? En cette ère de révolution numérique et d'intelligence artificielle, comment résister à la tentation de préférer les ordinateurs et les machines qui peuvent se montrer plus polis, respectueux et accueillants que les êtres humains dans les lieux de travail ? Cette série d'interrogations, non exhaustive, doit être prise au sérieux si tant est que la révolution des mentalités, la refondation de l'économie, la lutte contre le chômage, l'emploi des jeunes et la réduction de la pauvreté soient des préoccupations prises au sérieux chez les leaders politiques.

---

[20] Mouvement associatif d'obédience islamique.

[21] Khalife de la Communauté des Tidjanes au Sénégal de 1922 à 1957 (date de sa disparition).

La création d'emplois repose sur l'existence d'activités réelles exercées par des entreprises solides, stables et viables. Cela nécessite un climat des affaires favorable à la naissance d'entreprises fortes, l'accès correct aux financements et la maîtrise des facteurs de production. La productivité du travail et les capacités managériales sont également des volets de la maîtrise des facteurs de production où l'investisseur sénégalais devra être inéluctablement accompagné. Le manque de culture entrepreneuriale et la forte tendance à s'activer dans l'informel appelle donc chez l'investisseur sénégalais un grand besoin d'appui pour attiser ses incitations et guider ses choix d'investissements. C'est pourquoi, l'écrasante majorité des investisseurs sénégalais préfère l'illusoire confort de l'informel par rapport aux grandes prises de risques dans les activités formelles. La posture de l'État, en quête perpétuelle de nouvelles recettes fiscales, ne facilite pas les mutations qu'il est censé opérer, puisqu'il n'est pas rare de voir un investisseur sénégalais dire qu'il a fermé boutique à cause des taxes ou d'un redressement fiscal. L'autre grande explication de la fragilité des entreprises sénégalaises, c'est la cherté des facteurs de production qui s'est terriblement aggravée ces dernières années en lien avec les séquelles économiques de la pandémie de la Covid-19 et les conséquences néfastes de la guerre russo-ukrainienne. La forte inflation actuelle a mis en grande difficulté la majeure partie des MPME, alors que celles-ci supportent pourtant plus de 90 % de l'emploi à travers le monde.

Par ailleurs, la mentalité du Sénégalais est un facteur essentiel qui conditionne la possibilité pour cette nouvelle génération d'entrepreneurs de voir le jour, et elle détermine aussi les capacités d'appropriation et d'insertion des Sénégalais dans les révolutions technologiques en cours. Le modèle d'entreprise sénégalaise basée, en général, sur la famille doit être révolu. Il est le principal facteur qui plombe la productivité de l'agriculture (qui est familiale à 90 %) et qui empêche la révolution foncière qui doit inéluctablement précéder la modernisation de l'agriculture et son évolution vers la sécurité et la souveraineté alimentaires. Généralement, l'entreprise familiale sénégalaise ne survit pas à la mort de son fondateur, surtout si celui-ci est polygame. Les enquêtes de l'ANSD (2016) montrent que la plus grande durée de l'entreprise sénégalaise varie entre 30 ans et 33 ans, situation qui n'est pas normale dans un pays qui aspire à combattre le chômage et la précarité. Au même moment, l'entreprise française de fabrication de pneus Michelin a été fondée depuis le 28 mai 1889 par André Michelin et son frère Édouard Michelin, et son nouveau PDG, à partir du 17 mai 2019, est Florent Menegaux. De même, la Société anonyme des automobiles Peugeot, créée en 1896 par Armand Peugeot, existe toujours.

Il s'y ajoute que l'entreprise familiale sénégalaise est souvent informelle, opaque et peu ouverte aux autres. Elle n'incite pas l'État à s'intéresser correctement à elle, puisque non seulement elle est informelle et n'impacte pas correctement ses recettes, mais sa propriété n'implique pas suffisamment la collectivité. Il arrive toutefois, comme l'a reconnu le Président Abdoulaye Wade, qu'un régime favorise une entreprise familiale, mais cela repose généralement sur des relations politiciennes, clientélistes, amicales ou sur des accointances confessionnelles. Quand un Chef d'État se déplace, il doit normalement emmener avec lui des éléments de son secteur privé national afin de leur trouver des opportunités de croissance et de partenariat sur le plan international. C'est ce que font les dirigeants occidentaux, et même le Roi du Maroc et le Président Turc Erdogan lors de leurs voyages à l'étranger. Dans ces pays, le chef de l'État se fait ainsi accompagner par des entreprises modernes à capital ouvert, contributrices aux recettes de l'État et impliquant un grand nombre de citoyens actionnaires. Mais quel est l'intérêt pour la collectivité sénégalaise que le chef de l'État se fasse accompagner à l'étranger avec les moyens du contribuable par une entreprise informelle sans réel impact sur ses recettes, et ne profitant qu'à une famille ou une poignée de personnes ?

Dans les normes, il devrait y avoir des mécanismes généralisés d'appui à la viabilité pour chaque entreprise naissante durant au moins ses deux premières années d'existence. Il faut, au-delà des exonérations fiscales, un appui technique sur le plan comptable dans le sens de mettre de plus en plus de formalité, un appui sur le fonds de roulement et même sur l'accès à l'énergie qui est le poste de charge le plus redouté. Telle est, d'ailleurs, la mission fondamentale attachée aux actions de l'Agence pour la promotion de la PME (ADPME), du Bureau de mise à niveau (BMN) et aux divers autres appuis offerts par exemple par des organes publics comme l'Agence sénégalaise de promotion des exportations (ASEPEX). Mais le caractère très limité des moyens mobilisés dans ces structures est plus enclin à favoriser l'instrumentalisation politicienne de leurs programmes que d'en faire de réels leviers démocratiques et équitables au service de l'investisseur et de l'entreprise sénégalaise. Il faut donc tenir compte de cette réalité, qui ne peut pas être changée brusquement à court terme, pour favoriser l'émergence d'une nouvelle génération de leaders et d'entrepreneurs aptes à s'insérer dans cet environnement hostile.

Moustapha Kassé (2018) considère que l'entrepreneuriat est un esprit associé à une manière intégrative d'approcher des problèmes et la prise de décision avec pour caractéristique principale une volonté ferme de créer, de concevoir, de combiner des idées et des concepts pour un objectif précis : la rentabilité, le profit. L'entrepreneurship est, quant à lui, défini par Fortin (1986)[22] comme une mentalité, une attitude qui pousse un individu, seul ou avec d'autres à lancer une activité nouvelle et à prendre les moyens nécessaires pour réaliser un désir ou un rêve.

Tableau 1 : Vision synoptique des caractéristiques de l'entrepreneur

Type d'entrepreneur	Caractéristiques clés	Rôles principaux
Organisateur des activités économiques	- Capacité d'organisation - Capacité de coordination de ressources limitées - Position d'intermédiaire	-Coordination des ressources - Prise en compte des risques liés à l'intermédiation et au changement
Innovateur	- Capacité d'identification et de création de nouvelles opportunités - Capacité d'innovation et d'imagination	- Apport d'innovations -Recherche de nouvelles opportunités dans le domaine de l'entreprise - prise en compte des risques liés à l'innovation

Source : Kassé (2018), Fayolle, 2005)

L'Afrique a raté la révolution industrielle, de la chimie et de l'aéronautique durant lesquelles elle est demeurée une consommatrice de technologies. Elle s'est ainsi enlisée dans une position de fournisseuse de matières premières au

[22] Cité par Moustapha Kassé (2018).

détriment de son industrialisation qu'elle devait amorcer depuis fort longtemps en adaptant son capital humain aux défis technologiques. Son défi immédiat est de s'insérer dans la révolution numérique en se positionnant dans toutes les chaînes des grappes d'innovations liées à l'informatique, à l'usage d'Internet et à l'intelligence artificielle. L'industrialisation est érigée en objectif de politique économique comme on peut le constater dans les axes stratégiques du PSE. Elle devient, dorénavant, une grande brèche ouverte à travers laquelle il faut mettre tout en œuvre pour promouvoir un tissu de MPME significatif.

Sortir du cercle vicieux de la croissance économique au service du capital étranger

La croissance économique non inclusive et non créatrice d'emplois trouve son explication dans les choix politiques qui ont constamment privilégié les investisseurs étrangers et leur ont souvent octroyé la part du lion des marchés publics au grand détriment du secteur privé national. L'absence de volonté politique concernant les mesures préférentielles dans le climat des affaires entrave les initiatives privées des Sénégalais. Le régime fiscal sénégalais n'est pas suffisamment taillé suivant cet objectif de priorisation et de promotion de l'investisseur sénégalais. Les dépenses et autres exonérations fiscales s'adressent prioritairement aux investisseurs étrangers afin de leur aménager des marges incitatives de profitabilité. L'autorité publique doit mettre plus d'optimalité dans cette option politique puisque le régime fiscal comporte déjà des largesses fiscales suffisamment incitatives pour tout investisseur étranger au Sénégal. Aucune multinationale ne se plaint, en général, de problèmes de rentabilité, tant l'environnement sénégalais des affaires est clément pour les investisseurs étrangers. C'est ce qui exacerbe le caractère non inclusif et imperceptible de la croissance économique dès lors qu'une partie essentielle des valeurs ajoutées générées va dans la poche de ces multinationales.

De ce fait, l'agrégation des parts des entreprises étrangères (Europe, Chine, Turquie, Maroc, etc.) dans le PIB laisse une maigre part en faveur des activités économiques des Sénégalais largement informelles et générant un emploi précaire et faiblement rémunéré. Si des multinationales, ayant un faible impact sur l'emploi, s'accaparent la part du lion dans le PIB, il y a de quoi s'inquiéter sur le support économique devant sous-tendre la création massive d'emploi escomptée. Par exemple, du fait des erreurs commises dans le montage contractuel, l'exploitation de l'autoroute à péage de Dakar génère une manne de recettes financières exagérées sans un impact perceptible sur l'emploi. Mais le cas le plus patent et illustrateur est celui du Groupe Sonatel. Avec plus de 10 % de contributions au PIB, le groupe Sonatel ne compte qu'environ 4 500 employés directs dont une bonne partie va être très probablement supprimée d'ici quelques années à cause de la digitalisation et de l'intelligence artificielle.

Figure 3 : Cercle vicieux de la croissance capitaliste

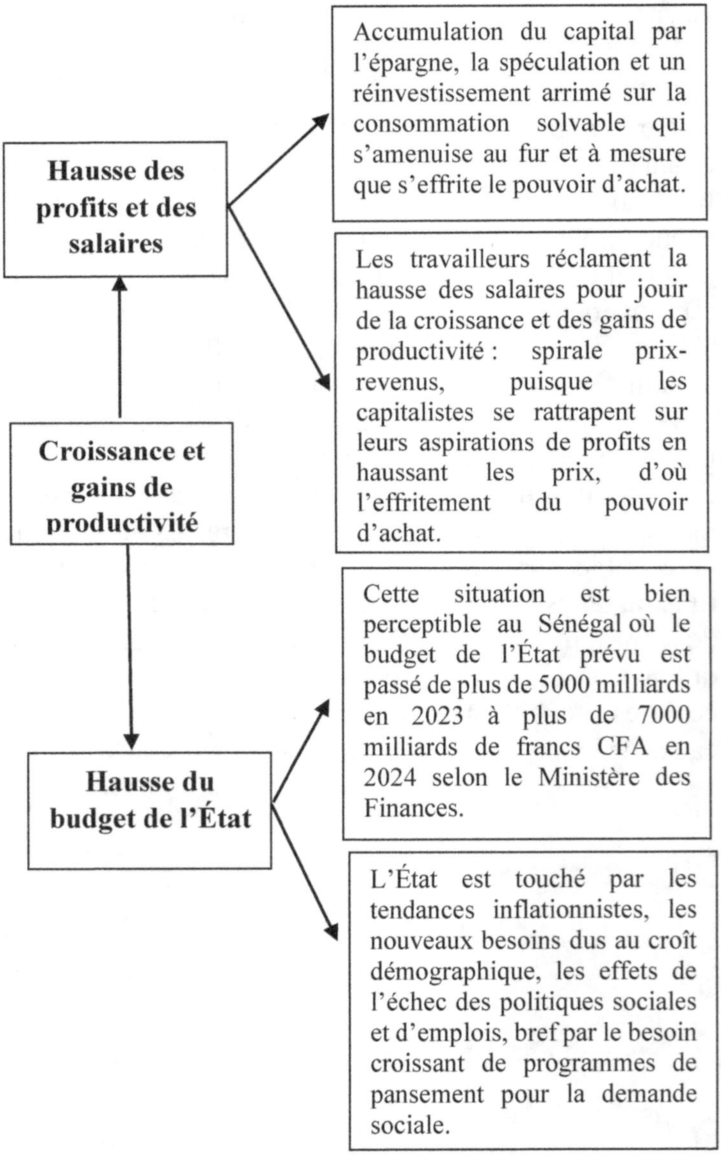

Depuis Karl Marx (1867), le capitalisme a connu les plus pertinentes et convaincantes objections scientifiques qui soient. Mais la croissance déséquilibrée et la quête irréfléchie de profits ont continué de précipiter la planète dans un État déplorable caractérisé par la dégradation de l'environnement, le déséquilibre des écosystèmes et le creusement des inégalités et de la pauvreté dans un monde qui n'a jamais été aussi immensément riche. C'est d'ailleurs dans ce sens que l'écologiste français Yves Paccalet propose la décroissance et le partage dans un livre publié en 2006. L'arrêt momentané de la surexploitation des ressources de la planète est réellement envisageable étant donné que les richesses déjà accumulées sont plus que suffisantes pour l'assouvissement de la soif effrénée d'enrichissement des capitalistes et de leurs alliés.

Le Produit mondial brut annuel avoisine les 100 000 milliards US Dollars pour des besoins de consommations inférieurs à 80 000 milliards US Dollars. Plus déplorable encore, est que les organisations humanitaires, la FAO à leur tête, estiment qu'il faut moins de 7 % de cette épargne mondiale annuelle pour éradiquer la pauvreté et la faim dans le monde. Les chiffres de la FAO (2016)[23] montrent que l'investissement supplémentaire annuel dans le secteur agricole et les transferts destinés à couvrir le déficit alimentaire à l'horizon 2030 est de 129,7 milliards US Dollars (en prix constants de 2013). Ce montant équivaut à 0,15 % du PIB mondial moyen, calculé sur la période 2016-2030. Il représente 1,5 % du PIB en Afrique subsaharienne, et ce chiffre dérisoire montre à quel point la logique capitaliste capte les richesses africaines et bloque la satisfaction de la demande sociale et la création d'emplois. Si les pouvoirs politiques n'arrivent toujours pas à asseoir une dynamique d'ajustement, de contrôle et de régulation

---

[23] https://www.fao.org/3/i4951f/i4951f.pdf

envers ce capitalisme sauvage, cela confirme les soupçons de collusion. En tout état de cause, le tissage d'une industrie et d'un secteur privé à fort capital sénégalais devra être indispensablement accompagné d'une régulation économique et sociale adéquate, susceptible de mieux encadrer les investissements et les profits des multinationales et de veiller au respect scrupuleux des normes de redistribution, de réinvestissement et de contenu local des richesses dans le pays.

Synergies et complémentarité entre le secteur privé national et les IDE

La Chine a accueilli dans la période 1980-2000 plus de 550 milliards de dollars d'IDE qui ont substantiellement contribué à accélérer son processus d'industrialisation (Izraelewicz, 2005). Mais elle a, en même temps, remodelé ses institutions de manière à créer des effets d'entrainement de ces IDE sur son secteur privé national qui a bénéficié d'un transfert de technologie ayant favorisé son éclosion et facilité sa conquête rapide des marchés mondiaux. Les pays africains doivent commencer sans tarder par subordonner les Investissements Directs Etrangers (IDE) et les partenariats public/privé avec les multinationales à l'amélioration de la taille de leur secteur privé national. Il importe, à ce niveau, de donner ici un contenu au concept de secteur privé étranger, local et national. Le secteur privé étranger est constitué des investisseurs étrangers détenant plus de 50 % d'une entreprise locale. Le secteur privé local est constitué des entreprises nationales ou étrangères résidantes au Sénégal (plus d'un an). Et le secteur privé national est constitué des entreprises locales ou établies à l'étranger détenues à plus de 50 % par le capital sénégalais. Le développement du secteur privé national, en lien avec le Revenu national, ne devrait aucunement pas se faire au détriment de celui du secteur privé étranger. Le fait que le secteur privé européen soit la source de 34 % des valeurs ajoutées et de 31 % des recettes fiscales au Sénégal est plutôt un atout qu'il faut davantage fortifier. Il ne s'agit donc pas d'un jeu à somme nulle, mais certainement d'un échange coopératif gagnant-gagnant. La question porte plutôt sur le relèvement de la taille du secteur privé national et la création des conditions de synergies et d'actions coordonnées avec les investisseurs étrangers en vue de valoriser toutes les nouvelles niches d'activités économiques porteuses de valeurs ajoutées.

Dans ce cas, il faut considérer le secteur privé dans son acception générale. L'OCDE considère le secteur privé comme un principe organisateur de base de l'activité économique dans lequel la propriété privée est un facteur important, les marchés et la concurrence, les moteurs de la production, l'initiative et la prise de risque le ressort des activités. La Banque mondiale retient que le secteur privé est une question transversale qui fait appel à l'initiative privée pour promouvoir la croissance, réduire la pauvreté et aider les gens à améliorer leur qualité de vie. Dans l'Union européenne, on fait entrer dans le champ d'actions du secteur privé toutes interventions visant à améliorer la compétitivité du secteur des affaires. C'est pourquoi Kassé (2018) souligne que le secteur privé est à la fois large, hétérogène, à l'intersection de nombreux domaines de l'action publique. Dans ce chantier collaboratif et partenarial, il est impératif de :

- Appréhender les normes internationales sur l'investissement, ajuster le régime fiscal et les règlements sénégalais en faveur du relèvement du contenu national de l'économie.

- Tailler l'encadrement institutionnel et réglementaire dans le sens de rationaliser les activités du secteur informel, de viabiliser les MPEM existantes et les autres industries naissantes.

- Revigorer la prospective dans les voies de coordination et de synergies entre toutes les composantes du secteur privé sénégalais en général (étranger, national formel et informel).

- Identifier et exploiter toutes les niches de créations de MPME (agriculture, élevage, économie numérique, fabrication de biens technologiques et électroménagers, emplois verts, pétrole et gaz, etc.).

- Renforcer les capacités entrepreneuriales et managériales des jeunes et des femmes et proposer un schéma d'implication bien améliorée des MPME sénégalaises dans les marchés publics.

Depuis l'an 2000, l'État du Sénégal, à travers la création de l'APIX, a adopté une armada de mesures pour attirer les investissements étrangers. Le flux d'IDE a, d'ailleurs, atteint 8,3 % du PIB en 2022, mais le secteur privé national est resté dans un état embryonnaire. Le grand défi est maintenant de réaménager le climat des affaires dans le sens de favoriser le secteur privé national tout en maintenant les incitations vis-à-vis des investisseurs étrangers et la cadence d'arrivées massives d'IDE. L'investisseur sénégalais doit avoir une facilité similaire pour aller investir au Maroc, en Chine, en Turquie, en France, etc. Et dans tous les partenariats avec les multinationales, un mécanisme de transfert de technologie doit être indispensablement négocié. Cela pourrait passer par la promotion des joint-ventures. Dans le cas des contrats pétroliers, par exemple, il s'agit de laisser à l'État une marge d'arbitrage entre faire exploiter et exploiter soi-même concernant les futures découvertes. À défaut d'un tel scénario, le pays va inéluctablement être maintenu dans ce que les économistes des contrats appellent *Effet Lock In*, qui va le piéger, comme c'est le cas ailleurs en Afrique, au Proche et au Moyen-Orient, dans une perpétuelle dépendance vis-à-vis des multinationales étrangères pour des exploitations similaires. Les travaux de Casadella, Liu et Uzunidis (2015) ont mis en évidence ce *cercle vicieux de la dépendance technologique* des pays en développement pour expliquer leurs défaillances structurelles et insister sur la nécessité d'une politique publique de management des ressources et des capacités locales pilotée par un véritable leadership politique.

A l'image du Japon qui a montré dans les années 1960 et 1970 la voie de l'émergence à ses voisins asiatiques comme dans un vol d'oies sauvages où il a été en tête de peloton, le Maroc est un exemple en Afrique sur le plan bancaire et industriel. Le Maroc a élaboré en 2006 un Pacte national pour l'Emergence Industrielle (PNEI) avec des axes stratégiques ciblés sur six secteurs où il dispose de nets avantages concurrentiels : l'offshoring, l'automobile, l'aéronautique et spatial, l'électronique, le textile, le cuire et l'agroalimentaire. Il était prévu que ces secteurs portent 70 % de la croissance industrielle à partir de 2015. Chebab (2022) montre que les exportations automobiles et aéronautiques du Maroc ont crû respectivement de 18 % et 13 % en moyenne par an de 2011 et 2019. La figure 1 illustre cet exemple marocain.

Figure 4 : Profil de gouvernance du Pacte National pour l'Emergence Industrielle (PNEI)

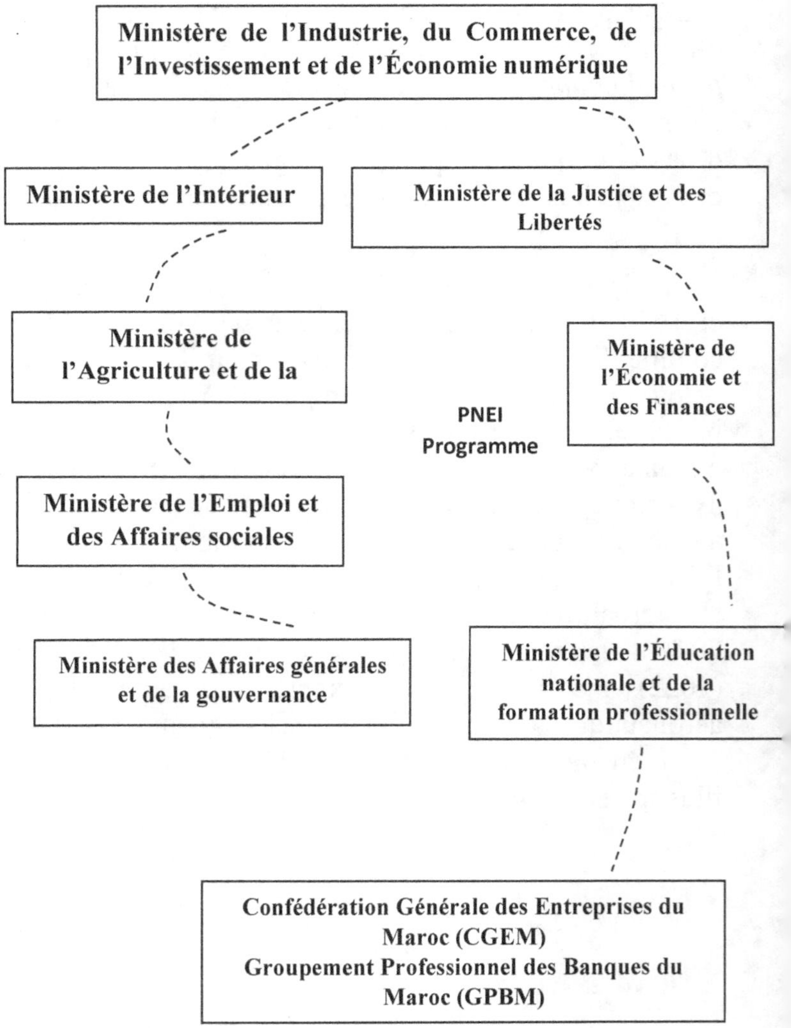

Source : Kassé, 2018

2. Enjeux, défis sociétaux et perspectives de la lutte contre le chômage

La réduction drastique du chômage est une urgence, mais il repose inexorablement sur la résolution de plusieurs équations à plusieurs inconnus. Il faut, d'abord, mettre en avant avec plus de fermeté la dimension sociale, psychosociologique et sécuritaire de la lutte contre le chômage. Il faut, ensuite, régler pour de bon la vieille question de l'inadéquation du système de l'enseignement supérieur et de la formation professionnelle avec le marché du travail. Puis, il est fondamental de faire jouer à la diaspora sénégalaise (15ème région du pays) le rôle qu'elle doit jouer dans l'investissement, la production et la création d'emplois. Il faut, enfin, identifier toutes les actions publiques pertinentes dont l'enclenchement sans délai va permettre de créer un nombre suffisant d'emplois pour amoindrir les inquiétudes dans le court et le moyen termes.

Quelques arguments du besoin urgent de résultats dans la lutte contre le chômage

Le plus grand mensonge des temps modernes a été de laisser croire que la démocratie existe et que l'Occident en est le modèle, la graine qu'il suffit de planter dans les autres pays et laisser pousser (SY, 2023)[24]. Les Africains continuent de rester dans ce piège alors que cette démocratie est remise en cause dans tous ses foyers. Bruno Bertez[25] souligne en substance que le monde est en train d'évoluer vers des systèmes plus répressifs, plus mensongers et plus autoritaires. La démocratie n'a été

[24] L'économiste Cherif Salif SY dans les chroniques économiques et échanges en ligne (via le réseau Facebook).

[25] Cité par Cherif Salif SY (2023) dans ses chroniques en ligne.

qu'un leurre et un subterfuge au service du néocapitalisme. Après un accaparement ponctuel de l'essentiel des ressources de la planète dans la distribution primaire des richesses, le néocapitalisme a déjoué les mécanismes de redistribution secondaire des richesses de connivence avec les pouvoirs politiques. Un grand élan de correction est indispensable si toutefois la résolution du chômage est un objectif sérieux au niveau des sphères décisionnelles. En tout cas, il y a urgence, car la croissance démographique fait du continent africain une terre de prospérité future ou…une bombe à retardement (Nubukpo, 2019).

La crise de l'emploi n'est pas seulement un fléau spécifique aux pays africains. Il s'agit d'un phénomène planétaire étroitement lié aux carences sociales et de moralité du paradigme néolibéral dominant. Selon les statistiques des Nations-Unies, le chômage touche plus de 190 millions de personnes dans le monde, ce qui représente 5,3 % de la population active mondiale. Mais ces chiffres ne reflètent que très faiblement la réalité du chômage, surtout en Afrique où il existe des millions d'emplois précaires et mal rémunérés. D'autres chiffres indiquent que 473 millions de personnes sont à la recherche d'un emploi dans le monde et que le nombre de nouveaux demandeurs d'emploi dans les pays en développement atteindra 470 millions entre 2019 et 2035, la croissance de ce nombre étant particulièrement rapide en Afrique subsaharienne (De Schutter, 2023). Le chômage est, par ailleurs, l'un des facteurs majeurs explicatifs du nombre élevé de personnes souffrant de la faim dans le monde. Les chiffres des Nations Unies révèlent que le nombre de personnes qui souffrent de faim chronique[26] dans le monde est passé de 7,9 % en 2019 à 9,2 % en 2022 (soit 735 millions de personnes).

[26] C'est le fait de ne pas avoir accès à une alimentation suffisante pour mener une vie active.

L'insécurité alimentaire touche 2,4 milliards d'individus, soit 29,6 % de la population mondiale. Le continent africain est plus touché par la malnutrition qui s'est aggravée ces dernières années : un Africain sur cinq ne mange pas à sa faim et 61 % des Africaines souffrent d'insécurité alimentaire modérée ou sévère. Les données du Programme alimentaire mondial (PAM)[27] indiquent que les personnes confrontées à des niveaux élevés d'insécurité alimentaire vont dépasser 345 millions en 2023, soit plus du double qu'en 2020. Ces chiffres alarmants montrent l'ampleur des dégâts sociaux causés par le chômage, la précarité et le creusement de la pauvreté. La solution réside incontestablement dans le changement de paradigme de développement en donnant la priorité à l'emploi et au bien-être des populations (Sylla, 2023).

La faim chronique n'est cependant pas le seul fléau qui risque de rendre indisponible une bonne partie des jeunes pour le travail. L'usage des drogues et des stupéfiants fait également des ravages en Afrique et ce phénomène s'est accentué, de même que la délinquance, à mesure que les populations augmentent et que les politiques d'emplois échouent. En 2019, l'Ong Jamra, avait essentiellement contribué à faire interdire par l'État du Sénégal l'usage de l'alcool en sachet (communément appelé Jakarta) qui fait des ravages jusque dans les établissements scolaires et universitaires. En dépit de cela, le Sénégal est un des rares pays à majorité musulmane où la vente d'alcool[28], qui s'est élargie à grande échelle dans les grandes surfaces, n'est pas bien encadrée. Les magasins, boutiques, grandes surfaces et bars ont la liberté de fonctionner jusque tard dans la nuit, qui est le moment propice à faciliter l'accès dissimulé des jeunes aux produits enivrants. Au manque d'occupation qui

[27] Pour 79 des pays où il travaille et où des données sont disponibles

[28] Le Sénégal est entré en 2023 dans le top 10 des pays où on consomme le plus d'alcool avec 33 litres/Habitant/an.

alimente cette délinquance et cet usage des stupéfiants, s'ajoute le manque d'espace de jeux pour les jeunes. Dans toutes les villes, les matches de football et autres sports pratiqués dans les rues sont la règle. De même que pour les tout-petits pour qui le pays manque cruellement d'espace de jeu à accès libre. La spéculation et le vandalisme fonciers ne font aucun cadeau aux jeunes et aux tout-petits. Il n'est pas rare de voir des querelles foncières opposant des jeunes à leur municipalité, impliquant des détenteurs de capitaux ou d'autres autorités, sur des projets de vente d'espaces déjà aménagés par ces jeunes pour le sport.

Désemparés face au chômage, certains jeunes ont choisi pacifiquement d'aller tenter l'émigration clandestine comme on peut en constater la recrudescence profonde ces dernières années. Du 1er janvier au 24 septembre 2023, environ 186 000 migrants sont arrivés dans le sud de l'Europe (Italie, Grèce, Chypre et Malte), dont 130 000 en Italie, soit une augmentation de 83 % par rapport à la même période de l'année 2022[29]. Ce phénomène qui, jusqu'en 2010 concernait en majorité les jeunes du monde rural agricole, s'est propagé de manière exponentielle dans les zones de pêches où les compétences pour mener un bateau à bon port dans les côtes espagnoles ou italiennes sont plus pointues. L'implication des jeunes pêcheurs explique l'exacerbation rapide du phénomène et le grand taux de réussite des récentes expéditions avec plus de 14 000 Sénégalais arrivés aux Îles Canaries entre janvier et octobre 2023. D'ailleurs, si le fameux bateau en partance de Fass Boye, disparu le 10 juillet 2023 et retrouvé en août 2023 avec seulement 79 rescapés sur 111 jeunes, a pu tenir en mer pendant 35 jours, c'est parce qu'il n'était occupé que par des pêcheurs et des mareyeurs. Mais comment des

[29] Chiffres du Haut-commissariat aux réfugiés de l'Organisation des Nations Unies (ONU).

pêcheurs d'un pays disposant de 770 km de côtes jugées très clémentes et très poissonneuses peuvent-ils en arriver à s'engager dans l'émigration clandestine ? On peut entendre dans les témoignages des jeunes rencontrés dans ces zones, que la pêche industrielle, favorisée par les accords de pêche, qui assaille maintenant les côtes sénégalaises, ne laisse aucune place à la petite pêche artisanale locale. Ces jeunes pêcheurs révèlent qu'une grande partie des poissons vendus dans les marchés sénégalais sont, d'ailleurs, livrés par ces puissants pécheurs étrangers.

Ces témoignages sont corroborés par les accords de pêche régulièrement et ostensiblement signés par les autorités sénégalaises pour des Européens, des Asiatiques et des Russes au mépris de ces pauvres Sénégalais qui vivent de la mer. Quid du laxisme profond constaté dans la surveillance des côtes et de la mer ? Le rapport de *Frontiers in Marine Science* publié en mars 2017 estime à 261 000 tonnes de poissons par an la prévalence de la pêche illégale étrangère dans les eaux sénégalaises. Les Conseils locaux de pêche artisanale (CLPA) créés en 2005 et la Zone de Pêche Protégée (ZPP) initiée en 2007 constituaient une lueur d'espoir, mais ces instruments n'ont pas eu les effets escomptés du fait d'un manque de suivi. L'accord de pêche conclu pour la période 2014-2019 entre l'État du Sénégal et l'Union européenne avait fixé les possibilités de pêche pour 38 navires de l'Union européenne avec une compensation financière sur 5 ans d'une valeur totale estimée à la modique somme de 9 milliards de francs CFA. Cette contrepartie financière est répartie entre la compensation pour l'accès aux ressources (14 000 tonnes par an pour les espèces hautement migratoires) et l'appui à la mise en œuvre de la politique sectorielle de la pêche (redevances dues par les armateurs sur les autorisations). Le coût d'une licence par navire s'élève à 327 000 francs CFA et la tonne de poisson est facturée à ces navires à 58 950 francs CFA

(Ndiaye, 2016). C'est donc un scandale indescriptible que, pour des retombées financières si dérisoires, l'État du Sénégal opère des choix politiques qui provoquent toute cette misère sociale poussant la main-d'œuvre halieutique locale à s'engager dans l'émigration clandestine.

D'autres jeunes ont cependant choisi de rester dans leur pays et de s'exercer dans la quête de revenus au jour le jour avec des activités appauvrissantes telles que la vente à la sauvette, le transport à bord de tiak tiak, de motos Jakarta ou de calèches, le gardiennage ou le ramassage d'ordures à bord de charrettes. Il faut admettre que le mécontentement de la jeunesse sénégalaise est arrivé à son comble et il s'exprime maintenant à chaque fois que l'occasion se présente comme lors des émeutes de mars 2021 et celles de juin 2023. Le jeune tunisien, qui s'est immolé par le feu en 2011 et qui a été à l'origine des violentes émeutes ayant abouti à la chute du Président Ben Ali, en était arrivé apparemment à un niveau de mécontentement insupportable. D'autres jeunes choisissent de se venger de la société par la délinquance, le banditisme et l'engagement dans les groupes terroristes. Dès lors, il faut encore le rappeler, le chômage est une véritable bombe à retardement.

Toutefois, comme le souligne Ndongo Samba Sylla (2023), les drames de l'émigration sont certes attribuables au manque de vision et d'idées de la part des dirigeants africains, mais ils sont surtout liés à la faillite des modèles hérités de la colonisation et aggravés par les politiques imposées par les institutions financières internationales, comme la Banque mondiale et le Fonds monétaire international (Fmi). Ces politiques ont accentué la nature extravertie des économies africaines, transformées en pourvoyeuses de matières premières pour les économies des pays industrialisés depuis les indépendances. Il faut donc rompre sans délai avec la spécialisation dans l'exportation de matières premières qui crée peu d'emplois capables d'absorber la masse de demandeurs d'emploi dont regorge le marché du travail. L'enlisement dans ce modèle d'exportation de matières premières est le principal facteur qui a gêné les efforts et les actions de transformation structurelle des économies africaines à travers l'industrialisation afin de créer de la valeur ajoutée, des richesses inclusives et des emplois décents et stables.

Le défi universitaire, de la formation professionnelle, de la recherche et de l'innovation

Parlant de la France, Jean Tirole (2016) écrit en substance que l'emploi requiert des entreprises et que pour créer des emplois, il faut avoir une culture et un environnement entrepreneurial. Il est essentiel d'avoir des universités de renommée mondiale afin de ne pas manquer l'opportunité décisive de l'économie moderne où la connaissance, l'analyse des données et la créativité joueront un rôle central dans la création de valeur. En fait, Tirole considère que le campus universitaire est en quelque sorte un condensé de toutes ces transformations de l'entreprise : coopération plus transversale, valorisation de la créativité, pluriactivité, besoin de s'exprimer dans son travail. Il relate que le mode de travail des entreprises de la Silicon Valley ou de Cambridge (Massachusetts) est de son côté très inspiré de celui des universités américaines, le principal univers que connaissent leurs jeunes créateurs.

Cette citation aborde les principaux points saillants de ce qui doit être la préoccupation immédiate de tout planificateur économique en faveur de la création d'entreprises et d'emplois. L'entrepreneuriat, comme nous l'avons déjà signalé plus haut, cristallise beaucoup d'espoirs. Il est, depuis plusieurs années, la cible prioritaire des pouvoirs politiques à travers le monde. Il semble néanmoins qu'en Afrique, il ne soit pas suffisamment abordé sous l'angle des mutations profondes qu'imposent la révolution numérique et l'intelligence artificielle. Au Sénégal, des entreprises de type classique continuent de naître sans une réelle prise en compte de l'évolution technologique fulgurante propre à la révolution numérique qui a fini d'être le support de toute l'économie moderne. On est tenté ainsi de dire que plusieurs des entreprises créées ou incubées en ce moment seront vouées à disparaitre sous le feu des exigences de cette révolution numérique en cours. Le défi qui interpelle les universités africaines est de promouvoir une nouvelle génération de leaders et d'entrepreneurs, en totale rupture par rapport à ce qui se faisait jusqu'ici. Les universités occidentales et des pays émergents s'adaptent tant bien que mal, mais les pays d'Afrique subsaharienne semblent ne pas être interpellés par le défi de ne pas rater cette révolution numérique. Au Sénégal les facultés et les formations littéraires continuent de refuser du monde alors que les filières scientifiques ne sont fréquentées que de manière très modérée.

Il faut le préciser encore une fois : la digitalisation et l'intelligence artificielle alimentent une nouvelle forme de capitalisme, plus profond, qui ne laissera aucune nouvelle marge significative de création d'emplois à court et moyen termes, à moins que les États mettent en œuvre une régulation sociale ad hoc dédiée à cette révolution numérique dopée par l'intelligence artificielle. Déjà, la disparition courante des métiers intermédiaires, à l'image des téléservices, crée des pertes silencieuses d'emplois de plus en plus perceptibles en Afrique. Ces pertes d'emplois vont s'aggraver suivant le niveau de retard concédé dans la transition numérique. Un nombre incalculable d'entreprises et d'emplois reposant sur les TIC ont disparu au bénéfice de plateformes et d'écosystèmes numériques dont les plus performants sont pilotés de l'étranger, notamment dans le domaine de la formation à distance, du voyage, du tourisme et du logement court séjour.

Le Sénégal est aussi un exemple-type d'État africain qui a un fort degré d'utilisation d'appareils sophistiqués, de machines et de technologies, mais dont l'essentiel est importé. Les véhicules, les téléphones portables, les ordinateurs, les appareils électroménagers et les machines agricoles et industrielles, sont autant de denrées technologiques essentielles dont l'utilisation en masse sous-tend le creusement inexorable de la cherté des facteurs de production, des déficits extérieurs et du chômage dans le pays. Le progrès technique crée effectivement du chômage qui peut être compensé par les emplois créés dans la fabrication et le fonctionnement des machines. Mais là où la quasi-totalité des machines est importée, l'utilisation de celles-ci crée du chômage cyclique (c'est-à-dire par défaut de production). Les chiffres de l'ANSD montrent que les importations du Sénégal sont aggravées par les achats de machines (destinées à l'agriculture et à l'industrie alimentaire) qui ont parfois augmenté de plus de 100 % annuels durant ces dernières années (114,7 % par exemple en 2014). Le niveau exorbitant des importations sénégalaises (couvert à moins de 56 % par les exportations) est un indice patent du niveau faible de l'offre et de l'absence d'un appareil productif significatif susceptible de porter la mécanique de l'emploi, en lieu et place des artifices programmatiques connus jusqu'ici.

Condorcet écrivait au 18ème siècle qu'il n'y a point d'innovations sans avances, sans risque. Pour lui, les avances (ou investissements) sont un support sans lequel l'innovation reste dans un régime de médiocrité. Cette assertion permet de comprendre le faible progrès dans les sociétés africaines où l'on a l'habitude de lésiner sur les moyens quand il est question de formation, de recherche scientifique et d'innovations. On peut dire que les découvertes, les inventions et les résultats de recherche en Afrique sont souvent entravés par des limites qui sont attribuables aux lacunes financières des gouvernements africains. Ces derniers allouent en effet peu de ressources publiques à la formation technique, à la recherche et à l'innovation. La médiocrité de l'innovation en Afrique est ainsi à l'image des maigres budgets que les gouvernements y accordent à la recherche et à l'innovation. L'État sénégalais est en même temps plombé par la maigreur de ses ressources qui sont pompées sans vergogne par l'assouvissement d'objectifs politiciens et par un tire-au-flanc dans les choix publics installant un têtu défaut de priorisation dans les investissements publics.

Mais que faut-il répondre à ceux qui disent que les universités africaines en général, et sénégalaises en particulier, sont des fabriques de chômeurs ? Avant même d'évoquer la question de l'insertion de l'écrasante majorité de demandeurs d'emplois non qualifiés, il importe de s'arrêter d'abord sur le chômage généralisé des diplômés, puisque trouver un emploi après une formation est devenu presque une exception. Le fait qu'un étudiant sénégalais coûte en moyenne 1 300 000 francs CFA[30] par an à l'État est un indice sur le coût collectif exorbitant attaché au chômage massif des diplômés. Les Partenaires techniques et financiers du Sénégal (PTF) ont raison de considérer qu'à ce coût, il faut éviter les échecs. C'est dans ce sens que l'adoption des Contrats de performance (CDP) sous l'injonction de ces PTF était censée apporter des correctifs à partir du début des années 2010. Et en combinaison avec l'application du système LMD et des réformes proposées dans le cadre du Réseau pour l'excellence de l'enseignement supérieur en Afrique de l'Ouest (REESAO), des avancées ont été enregistrées, notamment sur le taux de réussite qui

[30] Cette estimation doit être considérée pour la période d'avant 2015.

est maintenant monté à plus de 80 % en moyenne dans les universités sénégalaises. Cependant, l'amélioration du taux de réussite des étudiants sans une véritable mécanique de création d'emplois suffisants n'a eu comme résultat que l'aggravation du chômage des diplômés.

Comment en est-on arrivé à cette situation chaotique qui remet en cause si profondément le mode de fonctionnement des universités ? La formation supérieure au Sénégal est affectée par trois carences majeures, lancinantes et récurrentes. D'abord, le classique problème d'adaptabilité vis-à-vis des besoins du marché du travail. Ensuite, des effectifs largement supérieurs aux capacités d'accueil des établissements de formation supérieure, notamment publics. Enfin, un laxisme et un manque d'organisation avérés dans les offres de formation privées, bien pratiquées dans les universités publiques, et dont les acteurs sont finalement dépeints comme des vendeurs de diplômes. Ce système a fini par créer une cacophonie qui permet, à quiconque le souhaite, de brandir au bout de quelques années un diplôme, soit en tant que demandeur d'emploi ou en tant que travailleur aspirant aux avancements qui doivent suivre à la formation continue. La création de l'autorité nationale d'Assurance Qualité de l'enseignement supérieur, par le décret n°2012-837 du 7 août 2012, a apporté, ces dernières années, une faible lumière à l'obscurité générale qui s'est emparée de l'enseignement supérieur malgré le courage, l'engagement et la résilience des enseignants-chercheurs. Cette mauvaise dynamique de la formation supérieure a également brouillé l'objectif initial attaché à la création des nouvelles universités en 2007[31] qui était de favoriser les cycles courts de formation. La création des Instituts supérieurs de formation professionnelle (ISEP) est

[31] Université de Thiès, université de Ziguinchor et Université de Bambey.

adossée à cet objectif des cycles courts de formations qui est en même temps une solution au chômage structurel[32].

La Concertation nationale sur l'avenir de l'enseignement supérieur (CNAES), tenue en 2013, avait dressé un diagnostic sans complaisance des difficultés du secteur. La CNAES a débouché sur le premier Conseil présidentiel de l'histoire du Sénégal dédié à l'enseignement supérieur tenu le 14 août 2013. Ce conseil a été précédé d'un Conseil interministériel lors duquel la faisabilité des recommandations de la CNAES a été étudiée en présence du Premier Ministre et des Ministres de l'Enseignement supérieur, de l'Économie, des Finances et du Budget, de l'Éducation nationale et de l'urbanisme. Dix années se sont écoulées, mais le problème semble s'être aggravé d'année en année sur les deux décisions (il y en a eu onze) phares prises par le gouvernement, à savoir : **1).** Réorienter le système d'enseignement supérieur vers les sciences, la technologie et les formations professionnelles courtes. **2).** Donner un nouvel élan à la recherche et à l'innovation. La création de l'université virtuelle au Sénégal, la création de l'ANAQ/Sup et le changement du mode de sélection des Recteurs, maintenant sur des bases électives, sont des éléments de réponse très insuffisants dont les retombées sont encore très superficielles par rapport aux neuf autres décisions prises lors de la CNAES et dont les 4 plus importantes sont : **I).** Mettre les technologies de l'information et de la communication (TIC) au cœur du développement de l'enseignement supérieur et de la recherche pour améliorer l'accès à l'enseignement supérieur et l'efficacité du système. **II).** Renforcer la carte universitaire pour favoriser l'accès, diversifier l'offre de formation et assurer la qualité de l'enseignement supérieur.

---

[32] Le chômage structurel fait référence à une situation dans laquelle il existe des emplois disponibles mais pas les personnes qui ont la qualification requise pour occuper ces emplois.

III. Améliorer le pilotage du système d'enseignement supérieur et de recherche et renforcer la gouvernance des établissements publics d'enseignement supérieur. **IV.** Faire de l'étudiant un acteur de sa formation, favoriser sa réussite et améliorer ses conditions de vie.

Le défi de la mise à contribution de la diaspora

Les chiffres de l'Observatoire national de la qualité des services financiers du Ministère de l'Économie et des Finances indiquent qu'il existe environ 700 000 émigrés sénégalais à travers le monde en 2020. Les transferts de fonds des émigrés constituent un important flux financier qui a beaucoup haussé durant ces dernières années, représentant maintenant près de 11 % du Produit intérieur brut (PIB). Ces transferts de fonds sont passés de 1 482 millions $US en 2008 à 2 562 millions $US en 2020. La pandémie de la Covid-19 avait causé une baisse mondiale de près de 14 % de ces transferts en 2020 selon la Banque mondiale. Mais pour le Sénégal, les transferts des émigrés ont plutôt légèrement augmenté en pleine crise, passant de 2 522 millions $US en 2019 à 2 562 millions $US en 2020 (Banque Mondiale, 2021). En 2021, le montant de ces transferts d'argent s'est chiffré à 2 600 millions $US, soit 10,5 % du PIB.

Figure 5 : Évolution des envois de fonds des migrants sénégalais de 2008 à 2020 (en millions $US)

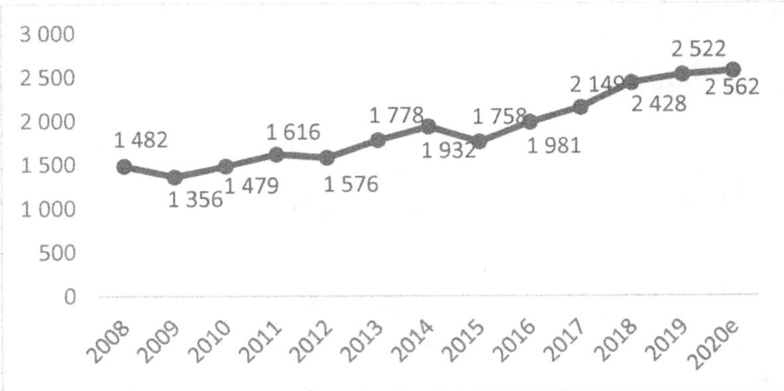

Source : Remittance data inflows Word Bank (May. 2021).

L'enquête nationale sur les transferts de fonds des émigrés sénégalais, effectuée en 2012, montre que 19,2 % des fonds envoyés transitent par des circuits informels et 80,8 % par des circuits formels. Le manque de maîtrise de ces importants fonds envoyés à travers les circuits informels rend difficile l'estimation de la valeur réelle de ces transferts. En général, ces envois de fonds sont motivés par l'altruisme (la satisfaction de subvenir aux besoins de ses parents), la solidarité, l'investissement effectué en préparatif du retour et d'autres arrangements familiaux implicites.

Plusieurs travaux empiriques montrent que l'essentiel de ces fonds est destiné aux dépenses courantes de consommation, notamment la nourriture, la santé, la scolarité des enfants, les cérémonies et fêtes, les fournitures et les mobiliers divers (électroménager, terminaux de communication, ameublement, etc. (Ndione et Lalou, 2005 ; Sander et Barro, 2003). Mais dans un pays comme le Sénégal, où plus de 40 % des produits sont importés, il est clair qu'une grande partie de cet argent envoyé n'est donc réellement pas absorbée dans le secteur productif national. Ce type d'absorption des transferts met en plus les bénéficiaires dans une situation de dépendance vis-à-vis de ces fonds et ne contribue que de façon marginale au développement économique du pays. Une étude réalisée par la BCEAO en 2017 sur l'évolution et l'utilisation des envois de fonds des migrants sénégalais confirme cette prépondérance des dépenses courantes de consommation qui engloutissent 90,7 % des envois de fonds, laissant un faible pourcentage (9,3 %) à l'épargne et l'investissement. Depuis 2012, cette répartition est presque restée la même malgré la croissance du volume de fonds envoyés au cours de la même période.

Le défaut de canalisation d'une partie significative de ces fonds envoyés par les émigrés pour l'investissement productif est, d'abord, une grande imprudence par rapport à l'instabilité lancinante du système économique international, le risque élevé d'aggravation ou de nouvelle crise et les nouveaux défis de résilience et de souveraineté économiques. L'exploitation de cet atout que constituent les revenus des émigrés est un impératif qui ne saurait manquer à la cuisine économique globale qui devra mener à la refondation de l'économie, en général. Cette prise de conscience fonde au niveau de l'autorité publique l'engagement, à partir des années 2000, de diverses initiatives d'optimisation de l'implication des migrants dans le développement du pays. C'est dans cette optique que le gouvernement et ses partenaires ont mis en place des dispositifs de mobilisation de l'épargne des Sénégalais de l'extérieur vers des investissements et des placements productifs. Il faut, d'abord, compter sur la programmation endogène à travers les actions de la Direction Générale des Sénégalais de l'Extérieur (DGSE) devenue en février 2019 la Direction Générale d'Appui aux Sénégalais de l'Extérieur (DGASE) abritant la Direction d'assistance et de promotion des Sénégalais de l'Extérieur et la Direction d'appui aux investissements (englobant la diaspora). La DGASE compte également un démembrement dénommé Bureaux d'Accueil et d'Orientation des Sénégalais de l'Extérieur (BAOS). Il existe déjà plusieurs leviers d'intervention et d'action sur le terrain dont les plus importants sont :

Le Fonds d'Appui à l'Investissement des Sénégalais de l'Extérieur (FAISE), créé en 2008, qui est un fonds d'investissement et de garantie mis en place par le gouvernement du Sénégal pour promouvoir les investissements productifs des Sénégalais de l'extérieur.

Le Programme d'Appui aux Initiatives de Solidarité pour le Développement (PAISD) qui est chargé de promouvoir les initiatives de développement local, économique et social portées par la diaspora sénégalaise établie en France, en Espagne, en Italie et en Belgique[33].

Le Guichet Unique physique Diaspora de l'Agence Nationale de Promotion de l'Investissement (APIX) qui est créé pour faciliter l'investissement des Sénégalais de la diaspora à travers l'assistance et le conseil dans la création d'entreprises, la maîtrise du code des investissements, l'accès au financement et au foncier. Le site Internet de l'APIX comporte un Guichet Unique virtuel *Espace Diaspora* qui diffuse, de manière continue, des

---

[33] Le programme se décline en trois composantes : mobilisation de l'expertise de la diaspora, appui au développement territorial des régions d'origine et soutien à l'investissement privé.

informations utiles ayant pour but de faciliter les décisions d'investir au Sénégal.

Le Fonds de garantie pour l'investissement des Sénégalais de l'extérieur (FOGARISE) qui est géré par le FONGIP (Fonds de Garantie des Investissements Prioritaires) et propose : 1). Une garantie de sécurité de l'investissement. 2). La promotion de la Sécurité sociale des migrants et des membres de leurs familles. 3). Une meilleure assistance juridique aux migrants. Le financement couvert peut aller jusqu'à 50 millions francs CFA.

La Délégation à l'Entreprenariat Rapide des Femmes et des Jeunes (DER/FJ)[34] qui renferme un **Fonds Diaspora** ayant pour objectif de dynamiser et de renforcer la contribution de la diaspora dans le développement de l'entrepreneuriat au Sénégal. Ce fonds offre une information claire et objective sur les opportunités d'investissement et les possibilités de financement. Il favorise aussi la mise en réseau par l'organisation d'évènements professionnels, de même qu'un accompagnement des porteurs de projet à travers la formation et le coaching.

Il existe une multitude d'autres programmes assez extravertis ficelés dans le cadre de la coopération internationale. Le GIZ, lancé par le Ministère fédéral allemand de la Coopération économique et du Développement (BMZ), renferme un programme basé sur des partenariats pour l'emploi et des mesures en faveur des

[34] https://der.sn/fr/fonds-diaspora-derfj

PME au Sénégal (2019-2025). Le Fonds Fiduciaire d'Urgence de l'Union Européenne est aussi un support de coopération qui œuvre pour la stabilité et la lutte contre les causes profondes de la migration irrégulière et le phénomène des personnes déplacées en Afrique. La Plateforme d'Appui au Secteur Privé et à la Valorisation de la Diaspora Sénégalaise en Italie (PLASEPRI) a été également mise en place en 2008 dans le cadre de la coopération bilatérale avec l'Italie. Il vise à renforcer la capacité du secteur privé sénégalais ainsi que des Sénégalais vivant en Italie à jouer un rôle plus important dans le développement de leur pays d'origine grâce à la création de petites et moyennes entreprises. Afin de mieux favoriser l'épargne des émigrés et l'orienter vers des secteurs pouvant générer des emplois, REWMI France[35] propose une meilleure intégration de la Diaspora dans les instances de gouvernance chargées des Sénégalais de l'extérieur et la création d'un cadre adéquat qui facilite ses échanges et collaborations avec les pouvoirs publics. REWMI France préconise également la recherche de réponses aux problématiques à caractère social rencontrées par la diaspora sénégalaise en Europe et l'ouverture d'un guichet unique dans les consulats pour accompagner les opérateurs économiques et assister aussi leurs familles au rapatriement des biens matériels.

Les subventions de contrepartie constituent également une option intéressante à considérer, car elles fournissent un soutien incitatif qui vient compléter les ressources financières propres des émigrés. Ces subventions accroissent les motivations des porteurs de projets en offrant un financement supplémentaire, ce qui permet la

---

[35] Structure de base du parti REWMI fondé et présidé par l'ancien Premier ministre Idrissa Seck. Ces propositions sont contenues dans la contribution élaborée pour le programme de campagne pour la présidentielle de 2024.

réalisation de projets qui n'auraient pas été possibles si le financement était exclusivement fourni par les initiateurs eux-mêmes. Les subventions de contrepartie renferment d'autres avantages intangibles constitués par toutes les externalités économiques et sociales consolidées des projets financés.

Perspectives de remodelage de l'action publique en faveur de l'emploi

Il s'est écoulé suffisamment de temps, entre 1960 et maintenant, sans que les diverses politiques économiques mises en œuvre jusqu'ici n'apportent les transformations structurelles attendues dans l'économie sénégalaise. L'économie sénégalaise a stagné alors que le croît démographique et la conjoncture mondiale n'ont cessé de grossir la demande sociale d'année en année. Les échecs répétitifs sur le plan des politiques de l'emploi ont ainsi terriblement aggravé la question du chômage. Devant le désastre et les risques sociétaux inhérents au chômage massif et à la pauvreté endémique, la plupart des gouvernements africains ont utilisé des palliatifs à la place d'une vision à long terme adossée à une véritable politique de développement souveraine. Le Sénégal en est encore, après six décennies de souveraineté, aux programmes d'urgence qui n'ont été que des artifices destinés à calmer les tensions. Le Programme d'urgence pour l'emploi et l'insertion socio- économique des jeunes, XËYU NDAW ÑI, lancé le 22 avril 2021, est le dernier-né de ces pansements sociaux pour l'emploi. Auparavant, il avait été adopté le décret 2021-172 du 27 janvier 2021 portant création et fixant les règles de fonctionnement du Conseil national pour l'insertion et l'emploi des jeunes. L'État du Sénégal a toujours brillé sur ce champ théorique des schémas organisationnels au point d'en être une base de données plutôt valorisée par d'autres pays comme le Burkina, le Mali ou le Niger. Il s'y ajoute qu'à chaque fois, ces cadres d'actions d'urgence sont généralement précipités, mal ficelés et ont toujours été saupoudrés de moyens dérisoires complètement phagocytés par le clientélisme politique. Il s'agit souvent d'artifices qui n'ont rien à voir avec la vraie mécanique des solutions. Ce caractère artificiel des dispositifs d'appui et de création d'entreprises est la raison principale de la forte mortalité des industries naissantes dont 80 % disparaissent avant deux ans d'existence.

La mécanique est produite, exécutée et actionnée par un mécanisme, et celui-ci est défini comme un ensemble d'éléments, de structures dont l'organisation assure une fonction et une activité suivant un automatisme. L'artifice est défini comme un procédé d'expression mécanique mais qui est peu naturel. Certaines définitions de l'artifice parlent de ruse, d'imposture ou de moyen habile visant à cacher la vérité, à tromper sur la réalité. La première des urgences pour les pouvoirs politiques est donc de rompre avec ces politiques de l'emploi essentiellement basées sur des artifices ponctuels et non sur une véritable mécanique tirée par la croissance économique, la redistribution des revenus ainsi qu'un climat des affaires et un régime fiscal adaptés et adéquats. Par ailleurs, la stimulation de l'esprit d'initiative et d'entreprise du Sénégalais est un objectif prééminent que l'autorité publique doit plus vigoureusement poursuivre dans ses lignes d'actions, de même que la mise en avant de la préférence nationale dans le climat des affaires et la prise en charge plus rigoureuse des préoccupations liées à la productivité agricole et à la compétitivité. L'ensemble de ces objectifs peuvent être largement atteints suivant les quatre créneaux d'actions publiques qui suivent :

- Le diagnostic global de l'ensemble des obstacles à la création massive d'entreprises et d'emplois solides et durables, qu'expliquent, de prime abord, la difficulté d'accès aux ressources productives, la faible productivité des facteurs de production et ce caractère très peu inclusif de la croissance économique. La faible durée de vie des MPME sénégalaises doit être impérativement corrigée, suivant des mesures volontaristes d'accompagnement de toute industrie naissante et du secteur informel en général.

- L'identification et l'élaboration d'un répertoire concis des niches de créations d'entreprises compétitives et la définition de modalités convaincantes qui attestent d'une minimisation significative des risques liés à l'investissement, relativement aux efforts d'aménagement de brèches préférentielles dans le climat des affaires. Ces niches sont à cibler prioritairement sur l'économie numérique et le domaine agrosylvopastoral et halieutique.

- En milieu rural, il s'agit plus spécifiquement de reconstituer la main-d'œuvre agricole déjà laminée par une forte migration vers les services, surtout les télécommunications. L'attractivité de l'agriculture passera par la modernisation de toutes les villes émergentes susceptibles d'attirer certains jeunes tentés d'aller vers les centres urbains ou en émigration clandestine. L'accès à l'électricité et aux divers réseaux modernes dans le monde rural est une bonne incitation pour retenir les jeunes dans ces milieux ruraux.

- Un dernier et non moins important sujet est celui des emplois verts pour lesquels le Sénégal regorge d'un grand potentiel qu'il faut commencer par bien cerner. D'importants travaux de recherche ont été réalisés dans ce domaine de l'économie et des emplois verts, et dont la valorisation sera une action très significative de prise en compte des exigences de protection de la nature.

Tableau 2 : Indications pour l'accompagnement public des entreprises et des initiatives privées

CIBLAGE DE L'APPUI À L'ENTREPRISE	APPUIS INCOMPRESSIBLES
- Création d'entreprises : il faut bien réduire les frais de notaire et les autres frais administratifs, par exemple pour les cabinets (expertise, santé, droit, etc.) - Offre publique d'incubation jusqu'à la phase de croissance couvrant au minimum les 2 premières années d'activités pour les industries naissantes - Appui technique spécifique pour la productivité et la compétitivité des MPME exportatrices.	- Subventions en capital ou mise à disposition de matériels pour les transformateurs, notamment dans le domaine agrosylvopastoral - Renforcement des capacités techniques des transformateurs et appui pour les certifications - Fonds de roulement, exonérations fiscales et subventions d'exploitation (au moins trois ans) - Mesures de protection de l'industrie et d'appui sur les débouchés nationaux et internationaux.
LEVIERS POTENTIELS DE FINANCEMENTS	
- *Budget de l'État :* Il faudra impérativement rationaliser et rendre plus cohérentes les actions des multiples structures d'appui à l'entreprise, notamment l'ADPME, le Bureau de mise à niveau (BNM), l'ASEPEX, la Direction des PME et la Direction de la microfinance, en favorisant l'existence d'instruments limités et de plus grandes capacités techniques et financières. Il en est de même des organes financiers comme le FONSIS, le FONGIB, la BNDE, le 3FPT et la DER, et des programmes dédiés à l'agriculture comme le PRODAC, l'ANIDA et les autres sous-programmes. En plus de la	

Stratégie de recettes à moyen terme (SRMT), il faut adopter une stratégie conjointe bien vulgarisée de lutte contre la fraude et l'évasion fiscales et bien arrimée aux efforts communautaires et internationaux.

- *Encadrement des profits et réduction des dépenses fiscales :* Les plus basses estimations avancent la bagatelle annuelle de plus de 500 milliards de francs CFA de cadeaux fiscaux offerts aux entreprises étrangères au nom des incitations à l'investissement. Mais ces incitations peuvent être d'autres types de garanties contre les risques d'exploitation ou les risques de renégociation en cas de changement de régime. Ces dépenses fiscales sont nécessaires pour les entreprises dont les difficultés sont prouvées, mais il faut les réduire pour les incitations et cibler par exemple leur baisse minimale de 50 % dans le court terme.

- *Appui des Partenaires techniques et financiers (PTF) :* Les multiples projets et programmes, en cours d'exécution et en perspective, soutenus par les PTF notamment dans le domaine agricole, à l'image du PAPEJF, du MIDA ou du MIJA (voir les détails au chapitre 3), doivent être réorganisés et coordonnés sous forme de grappe de convergence harmonisée afin de rationaliser et d'optimiser, dans un cadre approprié, tous les fronts d'actions contre le chômage.

- *Recettes pétro-gazières :* l'expérience et l'histoire ont montré que les fonds intergénérationnels ont toujours fait l'objet de détournement d'objectif ; l'État sénégalais pourrait alors réallouer une bonne partie de ce fonds à l'appui aux entreprises. Cela pourrait passer par la création d'un fonds spécifique pour la promotion de l'entrepreneuriat alimenté avec une partie des fonds de stabilisation et de ce fonds intergénérationnel envisagés par l'État dans la clé de répartition des recettes pétro-gazières.

- *Responsabilité sociétale des entreprises (RSE) :* Il faut revoir tous les aspects de responsabilité sociale dans le code de l'investissement et dans tous les autres codes sectoriels, notamment dans le domaine minier, du pétrole et du gaz. Au niveau de la pêche, il est tout à fait possible d'adosser l'octroi de licences de pêche aux étrangers à des charges de responsabilité sociales suffisantes pour dédommager les pêcheurs autochtones ou leur donner les moyens de se reconvertir dans d'autres activités. En gros, ces fonds issus de la RSE pourraient aider à mieux contenir le mécontentement des populations autochtones, comme à Kédougou, en finançant leurs associations et leurs projets.

Il est également attendu, de la part de l'autorité publique, beaucoup plus de fermeté dans la régulation sociale et le respect de toutes les législations sur l'emploi et le travail. L'État doit donc davantage discipliner et responsabiliser les entreprises sur la stabilité de l'emploi. Le Code du travail interdit, par exemple, plus de deux renouvellements d'un contrat à durée déterminée (CDD) sans recrutement, alors même que des institutions publiques, notamment les universités, pratiquent souvent plus de cinq CDD dans leur personnel administratif, technique et de service (PATS). Dans le secteur des télécommunications, les jeunes diplômés sénégalais se plaignent souvent d'être exploités comme stagiaires pendant de longues durées. C'est la même grogne au niveau de l'autoroute à péage Dakar/AIBD, où les facilitateurs de trafic se disent exploités par les sociétés d'intérim. Ce même système d'usage des sociétés d'intérim est de plus en plus adopté dans la grande distribution. La multiplicité des stages, de même que le foisonnement et la prospérité de ces agences d'intérim prouvent que le potentiel d'emplois est important.

Il existe en plus une majorité d'employés dont les niveaux de salaire sont en deçà du seuil de pauvreté et des limites édictées par les législations suivant la qualification et le diplôme. Dès lors, une collaboration entre l'Agence Nationale de la Statistique et de la Démographie (ANSD), l'Inspection du travail et les structures de promotions de l'emploi pourra permettre de stabiliser la typologie, l'estimation du degré de précarité et les niveaux de rémunération des emplois créés. La réglementation aura une double vocation. Elle devra, d'une part, organiser le raffinage des statistiques sur l'emploi et la mise en place d'un système public d'informations et de données qui donne les opportunités d'emplois et encadre l'accès égalitaire à ces emplois. Elle doit, d'autre part, créer les dispositifs de contrôle pour veiller au respect de l'égalité des chances et du mérite, à la mise en vigueur correcte du Code du travail et au contrôle strict des critères de contenu local en matière de main-d'œuvre dans les activités des multinationales.

Chapitre III

Exploiter toutes les niches et tous les créneaux de création d'emplois

Le constat d'échec après plus 40 ans de politiques spécifiques pour l'emploi montre à quel point le chômage est difficile à résoudre, de même que l'ampleur de l'immense défi d'orientation stratégique qui interpelle l'État sénégalais. Les jeux de pouvoir et oligarchiques sont largement responsables de ces échecs, entre le caractère intraitable du capitalisme sauvage, le clientélisme politique et la corruption des dirigeants. Il est temps d'estomper ces jeux pernicieux pour ne pas laisser éclater la bomme du chômage en Afrique. La grogne a déjà emporté, à partir de 2010, les puissants régimes de Ben Ali en Tunisie et de Hosni Moubarak en Égypte. Les jeunesses des pays africains sont maintenant conscientes et convaincues qu'il faut se débarrasser des modes de gouvernance et de coopération qui ont été, depuis leur indépendance, au service des oligarchies et des lobbies étrangers. C'est dans ce registre qu'il faut ranger les nouvelles aspirations des peuples malien, burkinabé et nigérien qui sont en train d'enterrer leur coopération avec la France. D'autres pays comme le Sénégal, la Côte d'Ivoire, le Togo, le Gabon, le Congo, le Tchad et le Cameroun sont devenus de vraies poudrières.

1. Chronique programmatique en faveur de l'emploi : enseignements et retours d'expériences

La quête de solution sera forcément arrimée de manière incrémentale aux dispositifs et aux actions déjà enclenchés même s'ils ont pratiquement tous mené à des échecs. Il est difficile de faire table rase sur les politiques en cours qui n'ont été que la continuité des démarches précipitées et finalement stériles. Comme on dit, pour comprendre le présent et mieux aborder l'avenir, il faut fouiller dans le passé. Pour mieux amorcer les solutions, il est donc fondamental d'avoir un aperçu concis des principales politiques d'emplois menées depuis les années 70.

Aperçu général des principales politiques d'emploi des années 1970 à 2012

Le chômage a permanemment été une affaire présidentielle, surtout à partir du Président Abdou DIOUF qui est arrivé en pleine aggravation des déficits macroéconomiques l'ayant incité à s'engager à fond dans l'ajustement structurel. Cette situation était également concomitante à une hausse de la demande sociale tirée par une démographie galopante qui s'est beaucoup rajeunie. Le tableau 3 renferme les principales actions en faveur de l'emploi à partir de 1978.

Tableau 3 : Principales mesures pour l'emploi depuis 1978

Président	Programmes pour l'emploi	Observations
Léopold S Senghor (1960-1980)	Groupe Opérationnel Permanent d'Étude et de Concertation (GOPEC), 1978	- Accentuation à la fin des années 1970 du phénomène migratoire (exode rural et émigration) due à la faible productivité agricole, le manque d'activités économiques et la maigreur des revenus dans le monde rural.
Abdou Diouf (1980-2000)	- Insertion des maîtrisards avec la Société nationale de Garantie (SONAGA), à partir de 1982. - Fonds national de l'emploi et Délégation à l'insertion et à la réinsertion (DIRE), en 1987. - AGETIP (Agence d'exécution pour les travaux d'intérêt public contre le sous-emploi), 1988	- Chômage massif des diplômés de l'université de Dakar à partir du milieu des années 1980. - Perception des effets néfastes de l'ajustement structurel sur l'appareil productif et l'emploi.

Abdoulaye Wade (2000-2012)	FNPJ (2001), ANAMA (2011), REVA (2006), OFEJBAN (2008), ANEJ (2001)	La question du chômage devient de plus en plus une poudrière à partir de la fin des années 80 et dans les années 90. C'est ce qui a causé la chute de Diouf et l'élection en 2000 de Wade, tenu de faire des résultats immédiats sur l'emploi.
Macky Sall (2012-2024)	ANPEJ (2013)*, PRODAC (2014), ANIDA (2012), DER (2015), Programme d'urgence XËYU NDAW ÑI (2021)	Abdoulaye Wade reconnait son échec en 2011 et Macky Sall hérite de cette patate chaude du chômage en 2012. Le Président Sall a beaucoup fait mais il reconnait son échec en mars 2021.

*Après la suppression de l'OFEJBAN et de la fusion de l'ANEJ, du FNPJ et de l'ANAMA

L'économiste Makhtar Diouf (2021)[36] a fait en 2021 une excellente chronique analytique sur l'emploi, largement citée, et qui dresse un tableau sombre des politiques de l'emploi adoptées depuis le Président Senghor. Après le GOPEC dont les résultats sont mitigés, le président Senghor est succédé au pouvoir par Abdou DIOUF qui était dès son arrivée en 1980, au centre du paradoxe de devoir lutter contre le chômage et de subir en même temps les conséquences de l'ajustement structurel. L'*opération*

[36] Points saillants disponibles sur : https://www.seneplus.com/politique/les-raisons-dechecs-multiples

maitrisards qu'il lança en 1982 était destinée à insérer les diplômés de l'enseignement supérieur comme opérateurs économiques indépendants dans une gamme d'activités bien ciblées : boulangerie, commerce, transport, maraîchage, pêche, mareyage, bijouterie, embouche animale. Les intéressés bénéficiaient de prêts bancaires, sous la couverture de la SONAGA, à des conditions favorables pour développer leurs initiatives en équipe. Les statistiques officielles révèlent un bilan plus ou moins positif : 200 entreprises et 1 800 emplois créés, dont 500 pour les diplômés de l'université. Mais aucune statistique n'est disponible sur les importantes faillites et cessations d'activités constatées dans la période.

L'ajustement structurel a été ravageur en termes de fermetures d'entreprises et de restructurations, avec près de 20 000 emplois perdus entre janvier 1981 et janvier 1989, soit 14 % de la population salariée. Et devant les effets insuffisants des départs volontaires sur la baisse des charges salariales de l'État, le régime de Diouf a usé du prétexte malsain de leur mouvement d'humeur pour radier 1 465 policiers le 13 avril 1987 dans le but de mieux rencontrer la satisfaction des institutions de Bretton Woods. Le secteur de la santé n'a pas été épargné, puisque, seuls 12 médecins ont été recrutés dans la fonction publique entre 1985 et 1989, en remplacement de 22 partants (décès, retraites, départs volontaires). Le coup de massue a été subi par le secteur éducatif (Diouf, 2021). L'État s'est rabattu à partir de la fin des années 80 sur les enseignants bon marché que sont les volontaires et les vacataires de l'Éducation nationale en lieu et place des maîtres et professeurs diplômés des écoles de formation.

Il s'y ajoute que la politique de l'emploi a été davantage précarisée lorsqu'une loi votée en juillet 1987 permettait désormais aux employeurs de recourir sans limite au contrat de travail à durée temporaire, à des compressions ou à des licenciements sans suite. Dans l'espoir de retrouver les emplois perdus à travers la promotion des initiatives privées, le gouvernement de Diouf crée en 1987 un Fonds national de l'emploi et son gestionnaire, dénommé Délégation à l'insertion et à la réinsertion (DIRE). L'Agence d'exécution pour les travaux d'intérêt public contre le sous-emploi (AGETIP), une organisation non gouvernementale, a également été créée en 1988. Ces instruments étaient destinés à insérer les diplômés de l'enseignement supérieur et les travailleurs émigrés sénégalais aspirant au retour et à réinsérer les victimes de compressions de personnel. Un fonds spécial de réinsertion a été créé pour appuyer les déflatés de toutes catégories, notamment les candidats au départ volontaire et les travailleurs du secteur privé victimes de la Nouvelle politique industrielle (NPI) qui a approfondi la libéralisation[37].

À partir de l'année 2000, le Président Abdoulaye Wade s'installe au pouvoir sous une pression sociale qui fait sonner la dénomination de son parti comme Parti de la demande sociale (PDS) et non Parti Démocratique sénégalais. Mais tout compte fait, il a reconnu son échec en 2011 en pleine grogne portée par le mouvement Y en A marre et la société civile. Le taux de chômage des diplômés du supérieur s'est considérablement aggravé passant de 16 % en 2005 à 31 % en 2011. Arrivé au pouvoir en 2012, le Président Macky Sall a reconduit textuellement les mêmes méthodes que Wade, faites d'instruments multiples,

[37] La Nouvelle politique industrielle a été amorcée en 1986 dans la mouvance de l'ajustement structurel et devait permettre l'approfondissement de la libéralisation de l'économie sénégalaise. Mais les logiques de marché déréglementé et l'ouverture commerciale accentuée dans un contexte d'offre insignifiante et d'absence d'avantages comparatifs significatifs ont précipité le secteur privé sénégalais dans des difficultés.

précipités et redondants. Il faut aussi remarquer qu'à l'image de Diouf qui a paradoxalement causé des suppressions d'emplois pour l'ajustement structurel, Macky Sall, et Abdoulaye Wade ont eu des comportements de destructions massives d'emplois. L'investisseur Bara Tall a été combattu durant le règne du Président Abdoulaye Wade à partir de 2007. Faute de marchés sur le territoire sénégalais son entreprise TALIX Group s'est séparée de centaines d'employés dans le pays. Cette pratique de fragilisation d'investisseurs sénégalais s'est aggravée avec Macky Sall. Kabirou Mbodj, fondateur du système de transfert d'argent WARI, a été combattu au profit d'Orange Money. Sa tentative de racheter TIGO en 2017 a été obstruée au profit de l'entreprise française FREE. WARI a dû se séparer de centaines d'employés. C'est le même sort qu'a vécu Bougane Guèye Dany qui, combattu par l'État, a fini par fermer son service de transfert d'argent *JONI JONI*[38] en détruisant au moins 350 emplois directs et des milliers d'emplois indirects à partir de 2017.

2012-2024 : une saga de programmes et d'enseignements

L'accès au financement est la contrainte principale pour la PME sénégalaise et pour l'accompagnement des jeunes porteurs de projets. C'est pourquoi, la prospective et les appuis financiers, attachés à un ciblage strict des secteurs porteurs de créations de valeurs ajoutées comme l'agriculture, ont cristallisé d'importants efforts de la part du nouveau régime. Dès son installation en 2012, ce nouveau régime brandit le prétexte de la gouvernance sobre

[38] Mot de la langue locale Wolof qui correspond à l'expression française dare-dare.

et vertueuse et procède à la suppression de 52 agences et plusieurs autres dépenses publiques évitables, notamment au niveau des missions à l'étranger et des factures de téléphone. Ainsi plus de 120 milliards FCFA ont été économisés entre 2012 et 2013, ce qui a donné à l'État les coudées franches pour créer et alimenter plusieurs instruments financiers dont les plus importants sont le Fonds souverain d'investissements stratégiques (FONSIS), le Fonds de garantie des investissements prioritaires (FONGIP), la Banque nationale pour le développement économique (BNDE) et le Fonds de financement de la formation professionnelle (3FPT) qui est venu renforcer les actions de l'Office national de la formation professionnelle (ONFP).

Le Fonds Souverain d'Investissements Stratégiques (FONSIS) a été créé pour initier et développer des projets stratégiques, restructurer et développer des actifs transférés de l'État ou même être co-investisseur dans les demandes reçues d'entrepreneurs, d'investisseurs ou de l'État lui-même. Selon la loi qui l'a créé en 2013, le FONSIS peut allouer des ressources au développement des Très petites entreprises (TPE) et des Petites et moyennes entreprises (PME), à travers un fonds de capital investissement qui leur est dédié. Le Fonds de Garantie des Investissements Prioritaires FONGIP est conçu pour aider les entreprises en difficulté et aussi garantir l'accès aux financements pour les TPE et les PME. Il est composé d'une multitude de sous-fonds qui couvrent la quasi-totalité des secteurs : le Fonds de garantie pour l'accès au logement social (FOGALOS), le Fonds de garantie pour l'artisanat (FOGART), le Fonds de garantie pour l'auto-emploi des jeunes (FOGAREJ), le Fonds de garantie pour les investissements des Sénégalais de l'extérieur (FOGARISE), le Fonds de garantie et de développement des PME (FOGADEV) et le Fonds de bonification pour la baisse des taux d'intérêt des crédits destinés aux groupements de femmes (FONBONI). La Banque Nationale pour le Développement Économique (BNDE) est, quant à elle, une structure financière qui est censée tirer les leçons des déconvenues enregistrées dans les années 80 dans les actions de financement de la Banque Nationale pour le Développement du Sénégal (BNDS).

L'Agence nationale de la maison de l'outil (ANAMO), créée depuis 2010, a battu le plein de son fonctionnement à partir de 2012. Elle apporte une grande contribution à la lutte contre la pauvreté à travers la formation-insertion des jeunes, particulièrement ceux du monde rural, dans plusieurs corps de métier. Déjà, trente-six (36) Maisons de l'Outil ont été construites à travers le pays, notamment dans les régions de Tamba, Thiès, Fatick, Kolda, Saint-Louis et Matam. Le tableau 4 présente les principaux autres programmes d'action opérationnelle sur le terrain.

Tableau 4 : Programmes phares d'appui à l'emploi des jeunes à partir de 2012

INSTRUMENT	OBJECTIF ET ACTIONS
Agence nationale pour la promotion de l'emploi des jeunes **(ANPEJ)**	**Objectif :** Mettre en place un système intégré d'informations et de suivi des groupes cibles sur le marché du travail, renforcer l'employabilité des jeunes et groupes cibles, faciliter les conditions d'accès à un emploi aux jeunes et groupes cibles, faciliter l'accès des jeunes et groupes cibles aux financements, élaborer un programme d'insertion professionnelle des marchands ambulants en contribuant à renforcer leurs capacités techniques et leur niveau de conscience civique, appuyer et accompagner les jeunes

	dans l'élaboration et l'exécution des projets et mener des actions de promotion de l'emploi des jeunes. **Réalisations (2020)** : 124 projets financés, 17 partenariats Techniques et Financiers, 5 projets opérationnels et 569 jeunes placés dans les entreprises.
Délégation à l'entrepreneuriat rapide des femmes et des jeunes **(DER/FJ)**	**Objectif :** Dans toute l'étendue du territoire sénégalais, rendre davantage perceptible le projet d'équité territoriale et de valorisation du potentiel des terroirs tel qu'il est stipulé par le Plan Sénégal Émergent (PSE). La DER/FJ est donc le bras armé de l'État pour la création de richesses, l'inclusion et la participation active des populations à la croissance et l'équité territoriale. **Réalisations :** 75 milliards de francs CFA levés auprès des bailleurs de fonds, 60 milliards de francs CFA de financements octroyés, 106 209 bénéficiaires directs de crédits au niveau national, 2 452 TPME formalisées dont 876 structures immatriculées, 80 000 comptes ouverts à travers les guichets *Autonomisation* et *Hors Autonomisation*.
Programme de développement des domaines agricoles communautaires **(PRODAC)**	**Objectif :** Aménagements et mise en valeur de domaines agricoles communautaires (DAC) de 1 000 à 5000 hectares/ DAC. Chaque DAC accueille des producteurs tuteurs pouvant accueillir et former d'autres jeunes producteurs.

	Réalisations : 25 milliards de francs CFA injectés pour les 4 premiers DAC (Séfa, Itato, Keur Momar SARR, Keur Samba Kane) et 47 milliards de francs CFA prévus pour ceux de Médina Yoro Foulah, Niombato, terre neuve et Dodji.
Agence nationale d'insertion et de développement agricole **(ANIDA)**	**Objectif :** 1. Contribuer à la promotion d'une agriculture moderne basée sur la maîtrise de l'eau et pourvoyeuse d'emplois durables pour les jeunes. 2. Participer à la dynamisation de l'agriculture par la valorisation des eaux souterraines en réalisant des fermes agricoles modernes au profit des jeunes du milieu rural. **Réalisations :** 104 fermes Naatangué, 4 Aires Agricoles Émergentes avec 13 600 emplois permanents et saisonniers créés dont 4 000 femmes. Un revenu annuel moyen de 900 000 FCFA avec un maximum de 2 200 000 francs CFA par an par producteur. L'ANIDA a également obtenu 20 Millions d'Euros de l'Union Européenne en partenariat avec les coopérations espagnole et italienne pour la réalisation, à compter de 2017, de 400 fermes (60 fermes villageoises et 340 fermes familiales) dans le cadre du Projet d'Appui à la réduction de la migration à travers la Création d'Emplois Ruraux au Sénégal (PACERSEN).

Le PRODAC qui a exclusivement une approche communautaire se heurte souvent à des réticences des populations à cause des enjeux fonciers. Dans certains cas, les populations ont même parlé de spoliation foncière (cas de la commune de Latmingué)[39]. L'ANIDA est, quant à elle, porteuse de plus d'espoir puisque son action est plus arrimée aux dynamiques de l'agriculture familiale. Mais elle repose sur des engagements externes du fait de la carence des apports nationaux (privés et publics), et elle affiche des résultats très mitigés : 104 fermes, 4 aires agricoles et 13 600 emplois. Après plus de dix années d'exécution, l'ANIDA et le PRODAC n'ont pas encore donné satisfaction relativement aux multiples enjeux et défis qui sont attachés à leur création.

Il faut, cependant, reconnaître que l'aggravation du taux de chômage qui est passé d'un peu plus de 10 % en 2011 à plus de 16 % actuellement est un argument suffisant pour remettre en cause l'efficacité de l'action de l'État en faveur de la création d'emplois. Les multiples projets et programmes financés, notamment par la DER et par l'ANPEJ, de même que ces fermes agricoles réalisées dans le cadre des activités du PRODAC et de l'ANIDA, ont certes suscité une demande de travail au niveau des unités créées, mais celles-ci sont loin de pouvoir absorber une partie significative de l'offre de travail (ou demande d'emploi) dans les zones ciblées. Dans le monde rural, les résultats glanés dans l'exécution de ces programmes n'ont pas encore atteint une masse critique permettant d'obtenir les résultats escomptés en matière d'emploi des jeunes ruraux. Toutefois, ces divers instruments publics d'appui à l'emploi (DER/FJ, ANPEJ, PRODAC, ANIDA, ANAMO, 3FPT) ont été les promoteurs ou le cadre d'exécution et de

[39] Relaté dans la presse le 03 mai 2017.

suivi de plusieurs actions concrètes dans le terrain qui nécessitent une approche de capitalisation.

La poursuite de l'exécution du PSE renferme des orientations stratégiques qui fondent plusieurs actions concrètes initiées dans le cadre de l'utilisation de ces multiples leviers créés par l'État. Dans la période 2016-2019, environ 50 850 personnes ont été formées par le 3FPT, près de 50 000 personnes ont été formées par l'ONFP et près de 4 000 personnes par l'ANAMO[40]. La convention État/Employeur (Décret de 2015) a enregistré l'implication de 39 entreprises du 1er janvier au 31 mars 2019. Plusieurs autres sous-programmes ont également été lancés en même temps. Sur financement de la Banque mondiale à hauteur de 30 milliards FCFA, le Projet d'employabilité des jeunes par l'apprentissage (PEJA) a été lancé en 2019. Il s'agit d'une approche de Formation/Ecole/Entreprise qui vise à enrôler 32 000 apprentis dont 24 000 sont déjà certifiés selon les chiffres du Ministère de l'Emploi. Il cible en même temps 8 000 maîtres ou compagnons dans 8 000 ateliers dans le secteur de l'artisanat. Il est aussi proposé, dans les échanges et débats tenus lors de l'atelier national sur l'emploi tenu en août 2019, de :

- Mieux insérer les MPME, qui représentent 97,3 % des entreprises inscrites au Registre de commerce (RC), dans les actions du 3FPT et dans la Convention nationale État/Employeurs.

- Donner une grande importance au projet Invest-In-Sénégal, par lequel les partenaires européens entendent mieux utiliser les moyens destinés à l'accueil des clandestins rapatriés.

[40] Ces statistiques ont été révélées lors de l'atelier national sur l'emploi organisé par le Ministère de l'Emploi en août 2019 au niveau des sphères ministérielles.

- Offrir aux entreprises artisanales un appui spécifique pour leur modernisation, la qualité de leurs produits, leur compétitivité et leur accès à la commande publique.
- Veiller à la bonne application du code communautaire de l'Artisanat qui confie l'apprentissage aux chambres de métiers, et impulser, par le canal de l'Union nationale des chambres des métiers (UNCM) l'implication des entreprises artisanales dans la convention État/Employeurs.
- Miser vigoureusement sur les immenses potentialités de l'emploi numérique et de l'emploi vert et créer un cadre approprié de suivi et d'évaluation des actions menées.

En somme, la politique de l'emploi devait être revue dans sa globalité depuis le constat d'échec des nouvelles stratégies amorcées dans le cadre du DRSP 2 qui visait à faire passer le taux de chômage de 15 % en 2006 à 13 % en 2010 et à 10 % en 2015. Auparavant, la Nouvelle Politique Nationale de l'Emploi, adoptée en mars 2010, visait à atteindre un taux de chômage de 8 % en 2015 et de créer 607 000 emplois entre 2010 et 2015. Le Document de Politique Économique et Social (DPES, 2011-2015) et la Stratégie Nationale de Développement Économique et Social (SNDES, 2012-2015) avaient pour objectif de faire passer le taux de chômage de 10 % en 2011 à 8 % en 2015. L'ANSD, qui est l'organe public habilité sur les statistiques, a lancé en 2015 de nouveaux mécanismes de mesure et de suivi des statistiques sur l'emploi et le travail qui devraient permettre d'avoir des chiffres trimestriels. Les chiffres de l'ANSD (2020) montrent que le taux de chômage est passé de 10,2 % en 2011 à 16,2 % en 2019 (et environ 23% en 2023). Mais beaucoup d'efforts restent à fournir pour disposer de statistiques fiables dans les domaines de l'emploi et de l'agriculture où il se passe fréquemment une guerre des chiffres. La coordination et l'unification des sources devraient permettre d'optimiser les moyens mobilisés sur ce volet statistique.

Tableau 5 : Coordination des statistiques

	Parties prenantes de la coordination pour des sources statistiques unifiées
Statistiques sur l'emploi	Agence nationale de statistique et de la démographie (ANSD), Agence Nationale pour la promotion de l'emploi (ANPEJ), Direction de la fonction publique, et Partenaires Techniques et Financiers du Sénégal (PTF), notamment Banque mondiale, Union européenne et Banque Africaine de développement.
Statistiques agricoles	Agence nationale de la statistique et de la démographie (ANSD), Direction de l'Analyse, de la Prévision et des Statistiques Agricoles (DAPSA), Direction de l'horticulture (DHORT), Direction générale de la Douane, Agence de régulation des marchés (ARM), Initiative Prospective agricole et rurale (IPAR).

2. Il faut maintenir la primauté accordée à l'emploi et à la productivité agricoles

La part du monde rural dans la population active (70 %) est un argument suffisant pour prioriser le secteur agricole et le monde rural qui est touché à plus de 55 % par la pauvreté, alors que la moyenne nationale se situe à 37 % (Ansd, 2021). Donc la démarche consistant à créer des emplois et distribuer des revenus dans le monde rural est le meilleur moyen de réduire rapidement la pauvreté.

L'agriculture, un secteur qui cristallise le plus d'espoir pour l'emploi

La principale leçon de la pandémie de la Covid-19 est la primauté qu'il faut accorder à la sécurité et à la souveraineté alimentaires. Quand on en a les atouts comme au Sénégal, l'agriculture peut être le support fondamental pour assurer tous les équilibres : commerce extérieur, finances publiques et emploi. L'Afrique est, par ailleurs, un continent qui est pratiquement à égale distance vis-à-vis de tous les autres continents. Son potentiel agricole inégalable en fait le lieu optimal de production future d'une bonne partie de la nourriture de l'humanité, transportable à coût limité vers les autres localités de la planète. Ce processus d'exploitation s'est précisé à partir des années 2000 avec l'accroissement des investissements agricoles des multinationales occidentales, asiatiques et même marocaines qui ont pris pied au Sénégal et qui ont de plus en plus d'emprise sur les ressources foncières du pays. Il peut s'agir, toutefois, d'un atout de taille dont l'exploitation diligente par les dirigeants africains pourrait sainement enclencher leur rédemption sur le plan de la coopération. A condition que les populations autochtones soient bien sensibilisées sur les avantages mutuels de ces partenariats avec ces multinationales afin d'endiguer leurs résistances contre ce qu'elles considèrent comme de la spoliation et de l'accaparement fonciers.

En 2017, la mission européenne[41], chargée d'étudier le projet d'implantation des chambres agricoles au Sénégal, a

---

[41] Benoit, G., et al., 2017, *« Accompagnement du Sénégal dans sa réflexion sur la création de Chambres d'agriculture et le*

souligné l'importance d'appuyer l'émergence de leaders paysans et de collectifs agricoles, seuls à même de permettre un accès organisé à l'information, aux intrants, au crédit et au marché, et donc la professionnalisation de l'agriculture familiale (AF). La mission a constaté que le développement du Sénégal pourrait se voir accélérer si un système de crédit adapté aux besoins de l'investissement à moyen et long termes de l'AF était mis en place. La Lettre de Politique Sectorielle et de Développement de l'Agriculture (LPSDA : 2019-2023), qui fait office de PRACAS 2, retient des lignes d'actions volontaristes parmi lesquelles figurent la valorisation durable des produits agricoles par le développement de la transformation, le renforcement de la filialisation et de la sous-traitance, l'instauration de la contractualisation et des alliances, la promotion de la consommation locale, la mécanisation adaptée aux systèmes de production et à la transformation des produits, le renforcement des capacités des acteurs, la facilitation de l'accès aux crédits-équipements et l'adoption des technologies digitales.

Cette problématique a mené au lancement de l'Initiative pour la Relève et le Renouveau Agricole (IRRA) au Sénégal qui regroupe différentes organisations publiques et parapubliques (MAER, Ministère de la Jeunesse, Ministère de la Formation, ANIDA, ANPEJ, etc.), les collectivités territoriales, les organisations de producteurs et la société civile (CNCR, ASPRODEB, FONGS, RESOPP, CONGAD, IPAR, etc.), auxquelles sont associés plusieurs partenaires étrangers (ONG, Carrefour international, CECI, coopération française, coopération canadienne, FIDA, FAO, BIT, DUE, Banque Mondiale, secteur privé, etc.).

---

développement agricole et rural». MAAF, CGAAER, Rapport n° 16101

L'environnement institutionnel et légal du secteur agricole sénégalais contient ainsi tous les germes d'évolution positive dont l'éclosion pourrait être la source de création d'importantes richesses et de beaucoup d'emplois stables. Hathie et al. (2015) ont mis en évidence le potentiel d'emplois dont regorgent les différentes chaînes de valeurs, notamment dans la production, la transformation, la commercialisation et même dans les services d'appui et d'encadrement. Ce sont ces opportunités de créations de richesses et d'emplois que les multiples initiatives en faveur des jeunes ruraux entendent saisir à travers la mise en œuvre des nombreux projets et programmes touchant la quasi-totalité des filières et toutes les six zones agro-écologiques du pays[42]. Les projets et programmes (bouclés ou en exécution) dans la promotion de l'emploi en zone rurale s'inscrivent dans un cadre légal et institutionnel global constitué d'instruments publics susceptibles d'initier ou d'héberger des sous-projets. Il s'agit essentiellement du Programme de développement des domaines agricoles communautaires (PRODAC), de l'Agence nationale d'insertion et de développement agricole (ANIDA), de la Délégation à l'entrepreneuriat rapide (DER) et de l'Agence pour la promotion de l'emploi

[42] 1. La vallée du Fleuve Sénégal au nord du pays, où l'on pratique essentiellement une agriculture irriguée (riz, oignons, tomate industrielle…) et une agriculture de décrue en zone aride. 2. La zone des Niayes, qui est constituée de toute la bande côtière partant de Dakar jusqu'au nord du pays (principale zone de cultures maraîchères). 3. Le Bassin arachidier, qui est constitué des deux zones Nord et sud, et regroupe des localités très peuplées. 4. La zone sylvopastorale qui est la principale zone d'élevage du pays, située dans le Ferlo et essentiellement dans les régions de Louga et de Matam. 5. Le Sénégal oriental et la Haute Casamance constituent la zone cotonnière, mais regorgeant également diverses autres cultures vivrières et maraichères. 6. La Basse et Moyenne Casamance au Sud, qui est la zone la plus arrosée du pays, appelée aussi grenier potentiel du Sénégal.

des jeunes (ANPEJ) qui sont les principaux répondants de l'État sénégalais pour la création d'emplois.

Au regard des évidences théoriques et empiriques, il est clairement mis en évidence que la promotion de l'emploi dans le monde rural doit allier à la fois des stratégies de promotions des activités agricoles et des activités non agricoles. La portée de ces nombreux projets et programmes ne se limite pas seulement à des mécanismes d'incitation des jeunes pour les intéresser et les fidéliser à l'activité agricole. Il s'agit, aussi, suivant les effets d'entraînement que cela va avoir sur les activités non agricoles, de favoriser la création d'entreprises et d'emplois par le canal des investissements, de l'encadrement technique et de l'amélioration de la qualité de la main-d'œuvre. Il faut tout de même maintenir l'idéal consistant à ériger impérativement une élite de jeunes (leaders) sources d'externalités positives et d'effets d'entraînement suffisants pour prendre en charge les moins productifs et les plus dépendants. L'idéal est de maintenir cette lancée des programmes et projets d'accompagnement à la création d'entreprises et d'emplois chez les jeunes et les femmes, puisque ce ne sont pas les projets et programmes qu'il faut remettre en cause, mais leur mise en œuvre, leur débouché et le ciblage des bénéficiaires et des activités agricoles éligibles. Il faut impliquer davantage le secteur privé afin de saisir toutes les opportunités d'externalités de proximité entre producteurs et fournisseurs de services divers en matière de stockage, de conservation, d'accès à l'eau, de systèmes d'irrigation face à la pénibilité de l'arrosage, etc.

Une kyrielle de programmes et des opportunités réelles d'emplois dans le secteur agricole

Les divers programmes recensés couvrent tout le territoire sénégalais et la Diaspora. Ils impliquent, au niveau tutélaire, le Ministère de l'Agriculture et de l'Équipement rural (MAER), l'Agence nationale d'insertion et de développement agricole (ANIDA), l'Agence pour la promotion de l'emploi des jeunes (ANPEJ) ou le Ministère de la Jeunesse et de l'Emploi. Les principaux partenaires les plus fréquents dans ces programmes sont le GIZ/CONFESEN (allemand), la FAO, le FIDA, la BAD, le Conseil national de concertation et de coopération des ruraux (CNCR) et le Réseau des Organisations Paysannes et Pastorales du Sénégal (RESOPP).

Tableau 6 : Principaux projets et programmes en faveur de l'emploi des jeunes ruraux

Projet ou programme	Mission	Échéance
Politique de promotion de l'emploi des jeunes en milieu rural **(PPEJMR)**	Contribuer sensiblement, dans le cadre de l'exécution du PSE, à accroître le niveau d'emplois décents en faveur des jeunes dans les zones rurales.	Projet en cours
Projet Agri-Jeunes **Tekki Ndawyi**	Favoriser l'inclusion socioprofessionnelle des jeunes dans les exploitations familiales et les activités créatrices de revenus et d'emplois	Projet en cours : 2020-2025

	décents dans les chaînes de valeur agrosylvopastorales et halieutiques.	
Projet de Développement de l'Élevage en Casamance **(PRODELEC)**	Créer des emplois pour les jeunes et les femmes dans les régions de Ziguinchor, Sédhiou et Kolda.	Projet en cours
Projet d'Appui à la Réduction de l'Émigration rurale et à la Réintégration dans le Bassin Arachidier **(PARERBA)**	Développer l'économie rurale sur la base des périmètres irrigués. Le PARERBA est mis en œuvre par ANABEL qui s'active dans l'appui à l'installation des jeunes dans l'horticulture et la riziculture dans le bassin arachidier (Diourbel, Kaolack, Kaffrine, Fatick et Thiès).	Projet en cours
Projet d'Appui à la Promotion de l'Emploi des Jeunes et des Femmes **(PAPEJF)**	Contribuer à l'essor économique du pays en favorisant l'émergence de MPME de jeunes et de femmes surtout dans les chaînes de valeur agricole et des services.	2014-2018
	Améliorer durablement la	

Projet d'Appui aux Filières Agricoles–Extension **(PAFA-E)**	sécurité alimentaire et les revenus des petits producteurs (agriculteurs et éleveurs) et créer des emplois durables et rémunérateurs pour les jeunes ruraux (femmes et hommes) et les femmes.	2014-2020
Programme d'appui à la promotion de l'emploi des jeunes en milieu rural **(PAJER)**	Appuyer la création de micro et petites entreprises en milieu rural, en mettant un accent particulier sur les chaînes de valeur agricoles.	2015-2020
Projet Jeunes producteurs/productrices de demain : relève et inclusion générationnelle dans l'agriculture sénégalaise.	Contribuer à l'amélioration de la sécurité alimentaire par une productivité agricole accrue en assurant qu'une relève formée et compétente soit disponible (femmes et hommes âgés de 20 à 40 ans) et s'intègre davantage dans la gestion des exploitations agricoles et la gouvernance des sept coopératives du RESOPP au niveau rural.	2016-2018

Programme d'Appui au Développement Agricole et à l'Entreprenariat Rural **(PADAER)**	Exécuté par le Ministère de l'Agriculture et de l'Équipement rural avec l'appui du FIDA et du Fonds Fiduciaire Espagnol, le PADAER vise à contribuer à la réduction de la pauvreté rurale et à stimuler la croissance économique dans les régions de Tambacounda, Kolda, Kédougou et Matam	2011-2018
Projet **terre et paix**	Soutenir l'employabilité des jeunes ruraux (hommes et femmes) de la région de Ziguinchor, issus de zones à risque à travers le renforcement des capacités professionnelles et entrepreneuriales.	2015-2017
Promouvoir l'entrepreneuriat des jeunes et la création d'emplois dans la filière du riz en Afrique de l'Ouest **(PEJERIZ).**	Promouvoir l'emploi des jeunes en zone rurale (grâce à des modèles d'entreprise innovants) dans la filière riz. Le PEJERIZ a été mis en œuvre par le	2018-2020

	consortium AfricaRice, le Centre Technique de Coopération Agricole et rurale ACP-UE (CTA) et la Fondation Syngenta pour une Agriculture Durable (FSAD).	

Il existe plusieurs autres projets et programmes, bouclés ou en cours d'exécution, qui ne sont pas spécifiquement (ou seulement) consacrés à l'emploi des jeunes, mais dont l'exécution recèle un potentiel incommensurable d'activités agricoles génératrices de revenus et d'emplois. De prime abord, on peut citer le projet des AGROPOLES du Sénégal, ou Projet de zone de transformation agro-industrielle (PZTA), qui s'inscrit dans le cadre de l'opérationnalisation du Plan Sénégal Émergent (PSE). Ces AGROPOLES visent, d'une part, à contribuer de manière significative à l'amélioration du bien-être des populations. Leur mise en œuvre devrait permettre, d'autre part, de faire éclore le grand potentiel d'emplois dont regorge l'agro-industrie.

→ Le Programme multinational de Renforcement de la Résilience à l'Insécurité Alimentaire et nutritionnelle au Sahel **(P2RS)** est un programme en cours d'exécution qui vise, dans son volet élevage, la hausse de la productivité et des productions animales, la structuration et l'amélioration de la compétitivité des filières animales. Financé par la Banque africaine de Développement (BAD), le P2RS intervient dans les régions de Fatick, Kédougou, Kolda, Matam, Sédhiou, Tambacounda et Ziguinchor.

→ Le Projet d'appui au développement de l'apiculture **(PADA)** est aussi un programme en cours d'exécution qui vise à accroître la production de miel et de cire. En 2016, le PADA a appuyé, en rapport avec le projet apicole panafricain du Bureau interafricain des Ressources animales de l'Union africaine (UA-BIRA), la mise en place de la plateforme nationale des acteurs de la filière apicole.

→ Le Projet d'appui à la modernisation des filières animales **(PROMOFA)** est également un programme en cours d'exécution implanté dans les régions de Kaolack, Fatick, Kaffrine, Diourbel, Thiès, Louga, Matam et Saint-Louis pour renforcer l'autosuffisance en moutons et les revenus des petits producteurs, et de permettre aux femmes et aux jeunes d'acquérir des moyens de subsistance durables pour leurs familles.

→ Le Projet de développement de l'aviculture familiale **(PRODAF)**, exécuté dans la période 2015-2020, s'est activé dans tout le Sénégal, à la fourniture de coqs raceurs, du matériel avicole et dans l'organisation de sessions de formation en aviculture familiale.

Plusieurs modèles d'insertion des jeunes ont aussi été développés, dont les principaux sont :

→ **Le Modèle de fermes NAATANGUE (villageoises et familiales).**

Ce modèle est celui développé par l'ANIDA, depuis sa création en 2012, dans les 14 régions du Sénégal. Son objectif est de contribuer à la modernisation de l'agriculture familiale, au renforcement de la sécurité alimentaire, à l'augmentation des revenus des agriculteurs et à la redynamisation des activités en milieu rural. Le programme cible les femmes et les jeunes ruraux et urbains, les diplômés des écoles de formation professionnelle agricole et universitaire, les exploitants agricoles en activité et les émigrés ayant un projet de retour.

→ **Modèle d'Insertion des membres de la Diaspora dans l'Agriculture et les chaînes de valeur agricoles (MIDA)**

Ce modèle, lancé par GIZ/CONFESEN dans neuf des quatorze régions du Sénégal, est resté en vigueur depuis son démarrage dans les années 2000. Un pan important du programme MIDA est centré sur les migrants de retour d'Allemagne et les jeunes femmes et hommes potentiellement exposés à la migration. Il visait initialement la formation et l'insertion de 500 jeunes, dont 50 % de femmes au moins. Le MIDA repose sur l'approche *tout pour la cible*.

→ **Modèle d'Insertion des Jeunes Agri-preneurs (MIJA)**

Ce modèle a été lancé par la FAO pour la période 2017-2019 en faveur des régions de Diourbel, Kédougou, Kolda, Louga et Saint Louis. Son objectif était d'appuyer la création d'entreprises durables et d'emplois décents dans les chaînes de valeur agricoles afin d'améliorer les conditions de vie et de travail en milieu rural, notamment dans les zones enclines à la migration.

Finalement, il y a eu un nombre significatif de projets et programmes qui ont été mis en place, ce qui signifie qu'il y en a eu suffisamment pour aborder de nombreux problèmes liés à l'emploi des jeunes. Mais au-delà des contraintes et problèmes d'exécution, il est largement négligé, en aval des processus d'élaboration, de mise en œuvre et d'exploitation des unités créées, l'accompagnement nécessaire dans la qualité des intrants et dans la commercialisation des produits. Et à côté de la concurrence étrangère, qui limite les débouchés des produits locaux, se trouvent les problèmes de qualité, de stockage et de conservation qui ont un impact très négatif en matière de rentabilité et de gains. Il est ainsi indispensable que le modèle de management des projets et programmes soit repensé à l'échelle de toutes les chaînes de valeur et de tous les processus de production.

Encadré 1 : Intégrer le portefeuille flore dans les projets à financer

La flore regorge d'un très riche patrimoine qui représente un atout de taille négligé mais dont la valorisation et l'exploitation vont contribuer à l'émergence d'une véritable dynamique économique et d'emplois verts. Elle recèle ainsi un immense potentiel d'activités génératrices de revenus pour les femmes et les jeunes, qui doivent être invités à formuler des projets dans ce domaine. Cette valorisation pourrait également être le socle d'une meilleure utilisation des plantes à travers la réorganisation et la réglementation de l'économie souterraine et informelle qui sous-tend la médecine traditionnelle. Les travaux du Colonel Papa Momar Faye[43] fournissent une information abondante sur les quantités de matières ligneuses et animales que l'on peut retirer annuellement des forêts sans qu'elles ne s'appauvrissent tout en assurant un rapport soutenu et constant au profit des populations vivant dans et autour de ces écosystèmes. Il existe des niches détectées comme les plantes recensées dans le portefeuille FLORE dont la valorisation pourrait contribuer à l'emploi et à l'auto-emploi des femmes et des jeunes. Chaque plante est ainsi une entreprise potentielle : une multitude de Green-Start-Up peuvent être créées avec les plantes à actifs élevés du portefeuille FLORE sollicitées pour la production d'huiles cosmétiques très prisées à travers le monde.

La levée des principales contraintes agricoles va générer une manne d'emplois

La réussite de toutes ces actions en faveur de l'agriculture dépend de la levée des contraintes majeures dont la plus importante est la faible productivité due, d'abord, à la petite taille de la majorité des exploitations

[43] Retraité du service des Eaux-et-Forêts sénégalais

familiales et aux difficultés liées à l'accès et à la cherté des ressources productives. La deuxième contrainte majeure est la maigreur des budgets publics alloués aux secteurs agrosylvopastoral et halieutique. Le budget voté pour l'agriculture se situe à 187 milliards de francs CFA en 2023, soit 4,5 % des recettes publiques[44] et 3,6 % des dépenses publiques. Le budget de l'élevage se situe à 28 milliards de francs CFA en 2023 (0,7 % des recettes totales) alors qu'il était à 29 milliards de francs CFA en 2022. Ces chiffres contredisent l'annonce faite selon laquelle l'agriculture est la priorité du PSE. Le Sénégal est encore très loin des recommandations de Maputo qui fixent une part minimale de 10 % pour l'agriculture dans les budgets des États.

L'autosuffisance en riz, projetée en 2017, n'a finalement pas pu être atteinte. Les importations de riz sont passées de 900 000 tonnes, en 2013, à plus de 1 200 000 tonnes en 2022, dont près de 90 % provenant de l'Inde. La production de riz blanc se situe à 800 000 tonnes environ alors que la consommation a frôlé la barre des 2 100 000 tonnes en 2021 selon l'Ansd (2022). L'arachide est l'autre culture sur laquelle il faut aussi mettre un focus puisqu'elle est la filière qui absorbe la majeure partie des subventions et de l'appui accordés à l'agriculture par les pouvoirs publics. L'arachide occupe environ 1 135 000 hectares et sa production est passée de 1 421 000 tonnes en 2019 à près de 1 600 000 tonnes en 2022 selon les chiffres officiels. La question qui se pose est comment un pays qui produit autant d'arachides peut-il se retrouver dépendant de l'importation d'huile de tournesol dont le prix du litre a connu une flambée de 21 % en 2022 du fait de la guerre en Ukraine d'où est importée une bonne partie de ce tournesol ? Avec une bonne stratégie d'exploitation de la Sonacos, le problème peut être résolu parce que si 3 kg d'arachide peuvent permettre d'avoir un

[44] Les recettes ont été estimées à 4 096 milliards FCFA en 2023.

litre d'huile, la production de l'huile d'arachide en même temps que le tourteau d'arachide pressée et les autres produits fourragers dérivés, peuvent mener à un prix plus compétitif et plus abordable pour la population sénégalaise.

Le schéma ci-dessous récapitule l'état global et les caractéristiques générales de l'agriculture sénégalaise ainsi que les principales problématiques d'implication des jeunes dans ce secteur.

Caractéristiques générales
- Faible qualité de main-d'œuvre
- Faibles productivité et revenus créés
- Faible accès aux moyens de production
- Baisse des incitations et exode des jeunes

⇩

Résilience avec des projets et programmes d'installation des jeunes dans l'agriculture

⇩ ⇩

Contraintes structurelles	**Contraintes intrinsèques**
- Très forte composante d'agriculture familiale (90 %) dans le secteur agricole sénégalais - Travail très pénible avec une main-d'œuvre familiale peu ou presque pas rémunérée - Difficulté de la coordination foncière en faveur de l'exécution correcte des projets et programmes - Carence en termes d'infrastructures de stockage, de conservation, de commercialisation, et dans les actions de régulation	- Difficultés d'accès aux intrants et au crédit, en lien avec la faible rentabilité. - Manque de qualité des produits agricoles par rapport aux substituts importés - Carence dans l'accompagnement en aval et dans le suivi et l'évaluation des programmes - Clientélisme politique avec *effet d'éviction* de projets de jeunes beaucoup plus porteurs

La prééminence de l'agriculture familiale (90 % des exploitations agricoles au Sénégal) est, elle-même, une contrainte sectorielle et structurelle qui limite la productivité et la rentabilité de l'activité agricole. Dès lors, une bonne stratégie de redressement de l'agriculture familiale devrait avoir un quadruple effet : 1°) accélérer la cadence vers la souveraineté et la sécurité alimentaires, 2°) accroitre la création d'emplois et réduire la pauvreté, 3°) accroitre la productivité, les rendements agricoles et les incitations à la pratique agricole, et 4°) permettre de migrer d'une agriculture familiale de subsistance à une agriculture familiale commerciale, transformatrice et plus moderne.

Figure 6 : Part de l'agriculture familiale, des autres types d'agriculture et des autres secteurs dans l'emploi au Sénégal

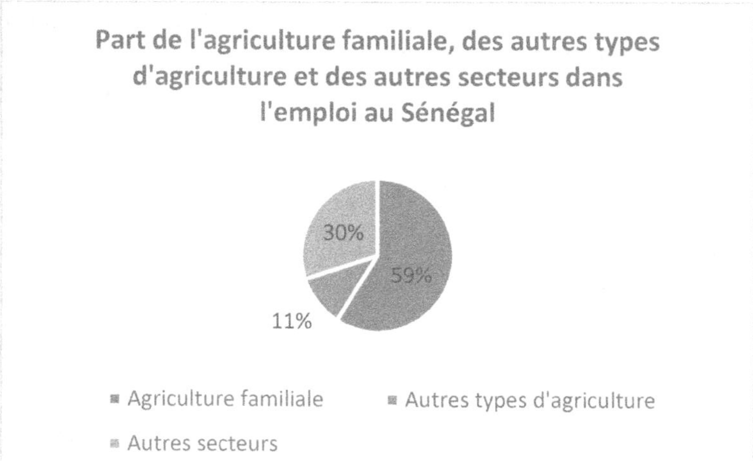

Source : CNCR, 2022

La dernière contrainte majeure est d'ordre foncier. Les Exploitations agricoles familiales (EAF) sont transmises de père en fils sur la base de règles d'héritage qui engendrent le morcellement et l'émiettement du patrimoine lignager à chaque transition générationnelle. Les jeunes ont accès aux ressources foncières, mais ils sont ainsi soumis aux pesanteurs familiales et au manque de moyens. Il se pose également, dans pratiquement toutes les zones rurales, le même problème lié à l'octroi de terres à des opérateurs privés détenteurs de moyens. Les revendications récurrentes des populations autochtones sur le foncier se sont multipliées depuis les années 2000, à l'image de ce qu'on a connu à Mbane, à Sangalkam et, plus récemment, à Ndingler avec l'investisseur Babacar Ngom. Il est pourtant possible de promouvoir un partenariat qui va générer des résultats positifs en matière de production, de récoltes, de modernisation des pratiques et de gains de revenus consistants pour les petits producteurs et ces propriétaires fonciers autochtones dépourvus de moyens. Il semble que les *fermes NATANGUE* de l'Agence Nationale d'insertion et de développement agricole (ANIDA) ont expérimenté une bonne approche de coordination foncière qui a tant bien que mal permis de décrisper certains blocages fonciers. Cela reste, toutefois, à vérifier par des enquêtes et des évaluations plus poussées.

Tableau 7 : Analyse SWOT des filières horticoles : l'exemple de la filière Anacarde

FORCES	OPPORTUNITÉS
- Plusieurs variétés après transformation : amande brute, amande nature, amande grillée et salée, amande séchée nature, faux fruit (vin, jus, marmelade, pomme séchée)	- Existence de plusieurs programmes d'accompagnement notamment de la part des PTF et des organismes non gouvernementaux
-Potentiel d'avantages par les coûts et tarifs compétitifs sur le plan international : accès facile à la plupart des marchés internationaux (UE, USA, Canada, Inde, Chine, Japon, Corée)	- Le regain d'intérêt de l'État et de ses partenaires pour la filière anacarde ces dernières années, ayant permis des exportations ayant franchi la barre des 55 milliards de francs CFA en 2021
- La mise sur pied de l'Interprofession Anacarde qui va rapprocher la tutelle, les producteurs, les transformateurs et les commerçants.	- La connaissance de plus en plus élargie des vertus médicales et nutritives de l'anacarde par les Sénégalais, se traduisant par une demande locale de plus en plus importante.
FAIBLESSES	**MENACES**
- La faiblesse des volumes de productions chez les petits producteurs est un facteur qui limite la productivité et les incitations des acteurs locaux	- L'instabilité en Guinée-Bissau et en Guinée Conakry influe sur l'offre globale tout en limitant drastiquement les opportunités d'échanges

- Les conditions d'accès aux marchés et aux autres circuits commerciaux restent très compliquées pour les petits producteurs	- Le dérèglement climatique est un facteur qui limite la productivité et les quantités produites
-Les carences logistiques et infrastructurelles de la filière pénalisent les petits exploitants	- Le développement de l'agrobusiness fait de plus en plus redouter le règne d'une loi du plus fort au détriment des petits exploitants
- La faiblesse des dispositifs de transformation laisse échapper une importante manne de valeurs ajoutées pour les femmes et les jeunes.	- Les ravageurs, les maladies de l'anacarde et les pertes de récoltes dans les circuits commerciaux ont tendance à décourager les petits exploitants

Encadré 2 : Potentiel dans le poulet fermier (bio) et les substituts au blé importé

Poulet fermier : Les plus basses estimations attribuent à chaque poulet fermier la possibilité de produire 12 œufs tous les six mois, dont un minimum de 6 poussins, ce qui fait 12 poulets par an. Chacun de ces six poussins pourra produire six poussins au bout de six mois. En tout, pour chaque poulet fermier élevé, il y a un potentiel de production de 48 poulets commercialisables sur 18 mois. Si on retient l'hypothèse qu'une moitié est destinée à la vente et que l'autre moitié est destinée à la reproduction, il faut 18 mois pour commercialiser un minimum de 24 unités dans l'élevage de chaque poulet. Et les 24 autres vont générer 144 autres poussins, dont la moitié est commercialisable, et ainsi de suite. Nos investigations dans les marchés de Thiès indiquent un prix moyen de 6 000 francs CFA par poulet fermier (ou poulet du pays) là où le poulet industriel coûte entre 3000 à 3500 francs CFA.

(Estimations en francs CFA)

Nombre élevé	Élevage de 5 poulets	Élevage de 10 poulets	Élevage de 15 poulets
Unités vendables sur 18 mois	120	240	360
Recettes potentielles	720 000	1 440 000	2 160 000
Unités vendables 12 mois/18	80	160	240
Recettes par an	480 000	960 000	1 440 000

Substituts au blé : Le Sénégal a importé 700 000 tonnes de blé, pour 110,4 milliards de francs CFA en 2020. Ces importations de blé proviennent de la Russie (51 %), de la France (32 %), de l'Ukraine (6 %), du Canada (4 %) et de l'Argentine (3 %). Le kg de farine de blé coûte en moyenne 500 FCFA. Les dérivés du mil, du sorgho, du maïs et du niébé sont des substituts au blé dont la cherté s'explique par une mauvaise conjoncture due aux baisses des quantités produites ces dernières années. La piste de substitution est tout à fait exploitable si les mesures idoines d'accompagnement de ces filières sont prises et mises en œuvre par l'autorité publique. La promotion de la demande globale de ces substituts sous le slogan du consommer local pourrait être le support d'augmentation des volumes de production de ces produits dont les prix baisseront drastiquement sous l'effet des rendements d'échelle. Ces substituts peuvent être complétés par les variétés de blé localement cultivables. L'Institut sénégalais de Recherche Agricole (ISRA) prospecte depuis quelques années les possibilités d'accroissement de la production locale de blé et d'incorporation des céréales locales dans la fabrication du pain. La société OLAM Sénégal SA a déjà testé une centaine de variétés de blé et a trouvé qu'une dizaine d'entre elles pouvaient être produites au Sénégal avec des rendements très significatifs. Huit nouvelles variétés de blé ont ainsi été homologuées en deux catégories : le blé tendre, riche en gluten et protéine pour fabrication du pain et le blé dur convenable pour la production de pâtes.

Tableau 8 : Renforcer les prérogatives et les moyens de l'Agence de régulation des marchés (ARM)

Institutions d'appui technique et logistique	**Supports d'actions opérationnelles pour l'ARM**
Direction du secteur parapublic (DSP), Direction du commerce intérieur (DCI), Direction de l'Analyse, de la Prévision et des Statistiques Agricoles (DAPSA), Direction de l'horticulture (DHORT), Direction Générale de la planification et des politiques économiques (DGPPE).	**1.** Mise en œuvre de la redevance sur les produits horticoles (2 FCFA par kilogramme), dont l'étude, commanditée par l'ARM (appuyée par la FAO), a été exécutée par l'IPAR depuis 2020 **2.** La consolidation et l'exécution coordonnées des actions d'appui à la qualité, à la commercialisation et à la mise à niveau des infrastructures de stockage et de conservation des produits **3.** L'élaboration et la mise en œuvre d'un programme national d'appui à la contractualisation et de promotion des partenariats entre les producteurs, les transformateurs et les distributeurs.

3. Orientations stratégiques et niches d'emplois exploitables dans le court terme

La résolution du chômage se fera inéluctablement dans la durée du fait de l'extrême profondeur du problème. Mais il faut impérativement faire des résultats immédiats dans le court et le moyen termes. La croissance économique n'a été qu'un slogan pour calmer les ardeurs et susciter des espoirs attendrissants. Le secteur agricole est, quant à lui, réellement porteur d'un grand potentiel, non seulement pour atteindre la souveraineté et la sécurité alimentaires, mais il peut être le support de la satisfaction d'une bonne partie des besoins d'occupations rémunérées. Toutefois, cette situation chaotique du chômage n'est pas une fatalité. Il suffit d'une ferme volonté politique pour l'apprivoiser et l'enrayer, à défaut de l'éradiquer. Il existe plusieurs niches et créneaux d'emplois dont l'exploitation mènera très vite à des résultats significatifs.

Du relèvement indispensable de la teneur en emplois du PIB

Trop de temps et d'efforts ont été consacrés par le planificateur économique aux grandeurs et aux indicateurs macroéconomiques pour convaincre les partenaires bilatéraux et multilatéraux sur la bonne tenue de l'économie ou pour glaner quelques points insignifiants pour le classement IDH ou pour le Doing Business. Après avoir expressément précipité les économies africaines dans des difficultés économiques chroniques par l'ajustement structurel dans la période 1980-2000, les institutions de Breton Woods, notamment le Fonds monétaire international (Fmi), ont continué à enfoncer les économies africaines avec leur dogmatisme idéologique libéral. Mais si leurs recommandations avaient été suivies d'effets positifs, on n'en serait pas arrivé à la dévaluation du franc CFA en 1994 et au programme Pays pauvres très endettés (PPTE) à la fin des années 90. Sans jugement négatif sur leurs intentions, on peut affirmer sans risque de se tromper que leur appui technique et financier n'a mené qu'au désastre économique dans les pays africains qui restent vulnérables et dépendants comme en témoignent les effets néfastes de la pandémie de la Covid-19 en 2020 et de la guerre russo-ukrainienne actuelle. Le chômage étant le problème central des économies africaines, le Fmi, la Banque mondiale et les autres PTF bilatéraux et multilatéraux auraient pu adosser leur aide et leur appui technique aux résultats en matière de teneur en emplois dans les résultats des choix politiques.

Les statistiques sur le chômage, la pauvreté et la faim sont très abondantes au niveau de ces institutions, mais elles sont rares sur les véritables propensions des dirigeants politiques et des détenteurs de capitaux à injecter les fonds nécessaires à leur éradication. La croissance économique est l'indicateur principal qui compte pour ces institutions qui ne veulent que s'assurer de la solvabilité des États pour le plaisir des capitalistes, contrôleurs de la finance mondiale maintenant privatisée. La réalité est que la croissance longtemps déclarée n'a réellement jamais montré ne serait-ce qu'un début de solution face au chômage. Depuis le début des années 90, la part publique dans la croissance économique semble avoir été absorbée par les nouveaux besoins d'une population galopante. Barro (2000) explique que si la population augmente, une partie de l'investissement est utilisée pour fournir du facteur capital aux nouveaux travailleurs plutôt que pour augmenter la quantité de capital par travailleur. Des ressources supérieures doivent de plus être affectées à l'éducation des enfants.

Même si la croissance économique est au rendez-vous et significative, elle ne crée généralement pas un volume d'emplois suffisamment importants pour avoir un impact durable sur la sous-utilisation de la force de travail (Sylla, 2023). Ce débat sur le lien entre croissance économique et emplois doit être dépassé en faveur d'actions concrètes de création d'emplois.

Le taux de croissance est calculé dans le temps (t), suivant les variations de la production (Y). (I) est l'investissement, c'est-à-dire, la variation du capital (K) dans le temps.

Tableau 9 : Lien entre la croissance, la productivité et le taux d'investissement

<table>
<tr><th>Lien entre le taux d'investissement et la productivité du capital</th><th>Base du calcul</th></tr>
<tr><td>$T_c = \frac{\frac{\partial Y}{\partial t}}{Y} = \frac{\partial Y}{\partial t} \times \frac{1}{Y}$, si on introduit ∂K,
on a : $T_c = \frac{\partial Y}{\partial K} \times \frac{\partial K}{\partial t} \times \frac{1}{Y}$ Or, $\frac{\partial Y}{\partial K} = P_{mk}$ et $\frac{\partial K}{\partial t} = I$
donc $T_c = \frac{I}{Y} P_{mk}$ où $(\frac{I}{Y})$ est le taux d'investissement (T_i).
Donc, le taux de croissance économique est égal au produit du taux d'investissement et du taux de productivité du capital : $T_c = T_i \times P_{mk}$</td><td>Le taux d'investissement du PIB tourne actuellement autour de 30 %. Les taux de croissance et d'investissement enregistrés de 2014 à 2019 à l'issue de la phase 1 du PSE indiquent une productivité moyenne du capital (P_{mk}) se situant autour de 24 %.</td></tr>
<tr><td colspan="2">Le taux d'investissement (T_i) requis pour 8,8 % de croissance en 2024 est ainsi égale à 37 %</td></tr>
<tr><td colspan="2">Le taux d'investissement (T_i) requis pour 10 % de croissance en 2023 est ainsi égale à 42 %</td></tr>
</table>

Si passer d'une moyenne de croissance de 3 % de 2006 à 2011, à une moyenne de 6 % entre 2014 et 2021 n'a pas amélioré la situation du chômage jusqu'à présent, ce ne sont donc pas les taux de 8,8 % en 2024 et 10 % prévisibles en 2025 qui vont l'améliorer dans l'immédiat. Pour réaliser ces taux de croissance en 2024 et 2025, il faudra atteindre respectivement 37 % et 42 % de taux d'investissement du PIB non tirés par les investissements massifs en cours dans le pétrole et le gaz qui expliquent largement la croissance de 6,2 % enregistrée en 2021[45]. Le défi est quasi impossible à relever à court et moyen termes sur ce double plan du taux d'investissement et de la productivité des facteurs.

Toutefois, la croissance du PIB aurait été un indicateur significatif si sa teneur en emplois était suffisante. La répartition primaire du PIB porte sur quatre niveaux : les salaires et autres traitements associés, la rémunération du capital et les autres types d'accumulation associés, les recettes de l'État et l'argent dissimulé à travers le monde par divers procédés nébuleux. Pour maximiser la teneur en emplois du PIB et les salaires distribués, il faut alors optimiser les autres niveaux d'absorption des richesses créées à travers, d'abord, une plus grande fermeté dans leur répartition secondaire. L'accumulation capitaliste et l'épargne ne peuvent servir les causes de la lutte contre le chômage que s'ils sont réinjectés dans l'économie suivant un respect strict de la *Règle de l'accumulation productive* qui a accéléré le développement de l'Occident à partir de 1945 et facilité l'industrialisation du Japon, de la Chine et des pays émergents asiatiques et d'Amérique latine à partir des années 1970. L'épargne oisive est une caractéristique récurrente des États africains où il faut allier des stratégies de mobilisation de l'épargne domestique et

[45] La croissance économique était attendue à 5,2 % en 2021.

d'industrialisation (protégée) pour espérer juguler le chômage à court terme et à moyen terme.

Figure 7 : Améliorer la teneur en emplois du Produit intérieur brut

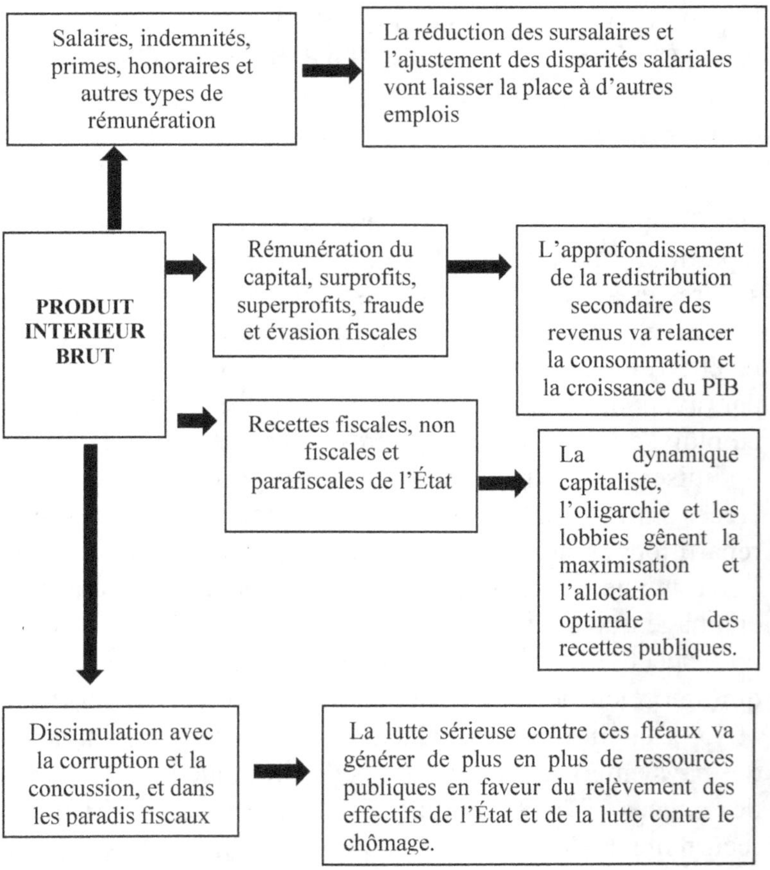

Aux États-Unis, le Foreign Account Tax Compliance Act (FACTA) a été adopté en 2010 et mis en vigueur en janvier 2013 dans le but de traquer les capitaux cachés et y

appliquer des redressements fiscaux. Le FACTA oblige, ainsi, chaque institution financière étrangère à transmettre des informations pertinentes sur les revenus des contribuables américains sous peine de subir un prélèvement de 30 % sur les paiements effectués au départ des banques participantes. Il y a eu au départ des réticences en Europe, mais le mécanisme semble de plus en plus arranger les autres États occidentaux qui sont tenaillés par le niveau exorbitant de leur dette publique. Au Sénégal, il faut continuer à traquer les biens mal acquis et lutter plus vigoureusement contre la corruption et la concussion.

Les résultats escomptés de la lutte contre la corruption, les détournements de deniers publics, la gabegie dans le train de vie de l'État et les autres types de dépenses fictives et inutiles de l'État permettront des marges financières substantielles pour le budget de l'État. Ces ressources additionnelles permettront de résorber tous les gaps de personnels de l'État, ce qui va laisser la place au recrutement de plusieurs dizaines de milliers de nouveaux fonctionnaires. Les secteurs prioritaires dans ces nouveaux recrutements sont l'éducation, la défense, l'ordre, la sécurité, le nettoyage, l'hygiène publique, l'assainissement et le cadre de vie à la faveur de la relance du Tourisme. Ces ressources pourraient également contribuer à la réhabilitation du chemin de fer, au parachèvement de l'immense chantier de l'assainissement du pays en lien avec les défis de canalisation des eaux de pluie en faveur de la résolution définitive du problème des inondations et de la réalisation d'une véritable révolution dans l'agriculture irriguée à l'échelle de tout le territoire. Dans l'hypothèse d'une neutralisation efficace de la corruption et de la concussion, l'État du Sénégal devra encore se doter d'une Régie des travaux publics qui pourra s'impliquer directement dans certains chantiers liés à la réfection des infrastructures collectives, à la salubrité, à l'assainissement et à la promotion d'une économie circulaire autour de la collecte et du traitement des déchets. Sur ce dernier aspect du traitement des déchets solides et liquides, la commune de Malicounda a récemment initié, sous la bannière d'une démarche intercommunale impliquant l'essentiel des communes de la petite-côte, un projet d'usine de traitement des déchets d'une capacité de 1 200 tonnes par jour. Il s'agit d'un projet novateur très inspirant, qui va embaucher plus de 500 jeunes. Il implique déjà un partenaire hollandais qui compte injecter 77 millions d'euros dans cette usine dont l'implantation est prévue avant la fin de l'année 2024.

Réadapter et mieux s'appuyer sur les législations du travail et sur le contenu local

La loi sur le contenu local est une issue prometteuse, notamment avec la croissance des exploitations minières et les futures productions pétro-gazières escomptées à court terme. Le diagnostic fait par l'Initiative pour la transparence dans les industries extractives (ITIE) dans ses rapports de 2019 et 2020 illustre parfaitement l'inefficacité des politiques et des instruments du contenu local en vigueur dans le pays. On peut lire dans ces rapports que :

- la participation des entreprises locales à capital sénégalais majoritaire et aux activités de l'industrie minière est encore faible ;

- la prise de participation des investisseurs sénégalais dans le capital des grands projets miniers en phase d'exploitation, n'est pas encore effective ;

- les mesures de transparence introduites dans le Code minier de 2016 comme l'exigence de publication des plans de passation de marchés ne sont pas appliquées ;

- les mesures incitatives destinées à encourager le traitement et la transformation des minerais localement ne sont pas suivies d'effet ;

- la valorisation du personnel sénégalais à travers un traitement salarial équitable et la mise en œuvre de plans de succession et de promotion des cadres sénégalais, de même que la prise en compte de la question genre ne sont pas toujours rigoureusement suivies.

Devant un tel constat, le Ministère des Mines a adopté en 2021 une Stratégie Nationale de Développement du Contenu Local (SNDCL) afin d'optimiser davantage les retombées issues de l'exploitation minière. Le gouvernement a, d'abord, élaboré la Loi n° 2019-04 relative au contenu local dans le secteur des hydrocarbures qui renvoie à l'ensemble des initiatives prises en vue de promouvoir l'utilisation des biens et services nationaux ainsi que le développement de la participation de la main-d'œuvre, de la technologie et du capital nationaux dans toute la chaîne de valeur de l'industrie pétrolière et gazière. Puis, en mai 2022, est ficelée la Loi n° 2022-17 relative au contenu local dans le secteur minier qui renvoie à l'ensemble des mécanismes permettant le développement du tissu industriel et commercial local, ainsi que des compétences nationales, à partir de toute la chaîne de valeur de l'industrie minière.

Tableau 10 : Cibles et attentes en termes de contenu local

Activités concernées	Objectifs escomptés
- Prospection, recherche et exploitation - Transport et stockage - Valorisation et distribution des produits - Prestataires de services et fournisseurs du secteur minier et des hydrocarbures.	- Accroître les emplois locaux dans la chaine de valeur des industries minières, pétrolières et gazières grâce à l'utilisation de l'expertise ainsi que des biens et services locaux - Favoriser la constitution d'une main-d'œuvre locale qualifiée et compétitive dans les secteurs concernés -Développer les capacités nationales dans les chaînes de valeur minières et des hydrocarbures par l'éducation, la formation, le transfert de technologie et de savoir-faire, et la recherche-développement - Privilégier l'approvisionnement de biens et de services fournis par des opérateurs locaux aux sociétés minières et celles des hydrocarbures - Mettre en place un mécanisme de suivi-évaluation, transparent et fiable des obligations liées au contenu local, en adéquation avec les politiques publiques et les objectifs de création d'emplois.

Par ailleurs, il faut revoir sans délai et mettre rigoureusement en vigueur toutes les législations portant sur le marché du travail. A l'image du droit français, le Code du travail sénégalais ne s'intéresse que très marginalement aux CDD, à l'autoentrepreneur, au travailleur indépendant, au free-lance et maintenant au télétravailleur. Il n'y est pas prévu l'étudiant ou le retraité qui travaille à temps partiel, le journaliste pigiste, sans oublier son caractère muet sur la protection des travailleurs de l'économie dite informelle qui supporte plus de 90 % de l'emploi au Sénégal. Les statistiques du Ministère de l'Emploi montrent que le tiers (1/3) des emplois du secteur formel sont sans contrats, ce qui nécessite un vrai élan d'ajustement, notamment en faveur de l'emploi décent et de la protection sociale. Il reste également à mettre en œuvre plus rigoureusement les nouvelles dispositions sur le stage (décret de 2015) et le décret de 2016 régissant le contrat d'apprentissage, et de rendre plus fonctionnel les commissions partenariales des programmes et de certification. Sur la fonction publique, le suivi des recommandations du rapport d'audit des systèmes de rémunération peut permettre d'ouvrir une bonne brèche de rationalisation. Ledit Rapport, élaboré en 2014, a formulé trois recommandations fondamentales.

I. La négociation et la signature d'un pacte national de stabilité entre l'Etat-Employeur et les syndicats d'agents publics. Il s'agit de signer des accords précis et spécifiques avec les syndicats des secteurs public et parapublic autour d'objectifs clairs, réalistes et réalisables.

II. La mise en place d'un dispositif institutionnel de suivi de la politique de rémunération et de gestion des effectifs et de la masse salariale. Ce dispositif va favoriser la concertation et les accords sur les dispositions à prendre en matière de contrôle de l'évolution de la masse salariale, de gestion de l'évolution de la valeur du point indiciaire, de gestion administrative du personnel, de recrutement de contractuels, de gestion prévisionnelle des effectifs, etc.

III. La définition et la mise en œuvre d'une stratégie de communication en vue, notamment, de concevoir un plaidoyer soutenu en faveur de plus de patriotisme, au regard des limites de la dépense publique, dont la masse salariale des agents de l'État constitue une part exorbitante.

Cependant, l'évolution des législations sur l'emploi et le travail doit tenir compte du fait, qu'avec la révolution numérique et l'intelligence artificielle, le salariat est en train de baisser substantiellement (en Occident surtout et plus dans les pays anglo-saxons), au profit du salarié multi-employeur, du nomadisme, de l'emploi sur plusieurs sites. Tirole (2016) note qu'il faut alors passer d'une culture du contrôle par la présence à une culture du résultat. C'est de plus en plus ce qui est observé pour les cadres dont la présence est devenue une exigence révolue.

Encadré 3 : Prospecter dans les voies de la garantie d'emploi (Source : Sylla, 2023)

Un programme de garantie d'emploi (ou programme d'employeur en dernier ressort) est une composante essentielle de toute stratégie de mobilisation des ressources domestiques. L'idée est que le gouvernement garantisse un emploi rémunéré au salaire minimum à toute personne en âge de travailler qui souhaite travailler à ce taux. Les personnes intéressées seraient embauchées telles qu'elles sont (avec les caractéristiques productives qu'elles ont) et là où elles vivent. La garantie d'emploi vise à remédier à la situation paradoxale dans laquelle le chômage structurel et le sous-emploi coexistent avec d'importants besoins sociétaux insatisfaits, car ni l'État ni le marché ne fournissent actuellement les biens collectifs nécessaires au passage à une économie verte et à l'essor de l'économie des services à la personne. Un programme de garantie d'emploi peut ainsi permettre d'offrir aux participants une sécurité de revenu, ainsi qu'une expérience et une formation professionnelles, tout en renforçant la position de négociation des travailleurs dans tous les secteurs de l'économie. Il peut aussi contribuer à assurer une transition juste vers une économie verte et fournir à la population des services qui ne sont pas procurés en quantité suffisante. D'un coût abordable, un programme de garantie d'emploi tient compte non seulement des coûts directs et indirects du chômage, mais aussi des contributions positives que les tâches effectuées peuvent apporter. La garantie d'emploi pourra être mise en œuvre dans la même veine que les travaux inspirés de la Théorie Monétaire Moderne (MMT). Selon la MMT, tout ce qui est possible localement d'un point de vue technique et matériel pourrait être financé en monnaie nationale sans qu'il y ait besoin d'émettre une dette en monnaie étrangère qui n'est pas justifiée dans les pays périphériques qui disposent ou peuvent créer les ressources réelles requises. Cet instrument de politique publique devra toutefois être adapté à des contextes où le sous-emploi est une réalité plus prégnante que le chômage au sens strict. Le cas du Sénégal permet de mettre en évidence la pertinence de ce type programme, les spécificités contextuelles à prendre en compte et la manière dont il pourrait être mis en œuvre. Cependant une garantie d'emploi universelle, s'appliquant à tous les demandeurs d'emploi potentiels, aurait vraisemblablement une taille beaucoup trop importante. En effet, de nombreux travailleurs occupant des emplois vulnérables ou peu productifs pourraient être tentés par les emplois garantis. L'idéal est donc de procéder par un déploiement graduel en trois phases : une phase pilote, une phase d'élargissement progressif du programme et une dernière phase où le programme devient universel. Ainsi le choix pourrait être fait au tout début de mettre en place des dispositifs de garantie d'emploi ciblant les régions qui souffrent grandement de la pauvreté et de la sous-utilisation de leurs ressources humaines. La démarche serait alors de garantir un emploi rémunéré au salaire minimum à tous ceux qui seraient éligibles dans ces régions. Le programme pourrait être mis en œuvre dans le cadre d'un « package » de politiques publiques qui viserait à renforcer la couverture sociale des habitants, étoffer l'offre de services publics, intégrer davantage les économies locales et leur doter d'infrastructures de base. De nouvelles régions sont ensuite incluses progressivement dans le programme.

Cadre d'actions concrètes à court et moyen terme

La bombe du chômage s'alimente d'année en année avec l'arrivée croissante de centaines de milliers nouveaux demandeurs d'emplois, dont une écrasante majorité de personnes non qualifiées (46 % ou même 96 % selon d'autres statistiques), alors même que la dynamique économique peine à satisfaire 10 % des besoins annuels d'emplois. Dorénavant, il faut des mesures concrètes et un nouveau paradigme d'actions pour désamorcer cette bombe. Le chômage est une question transversale qu'il n'est plus adapté de gérer de manière cloisonnée dans un

Ministère. Sa résolution requiert une coordination et des prérogatives spécifiques qui doivent transcender toutes les compétences ministérielles. C'est pourquoi, les Présidents Abdou Diouf, Abdoulaye Wade et Macky Sall en ont, d'ailleurs, chacun fait une affaire personnelle.

Tableau 11 : Les points saillants du cadre d'actions à court et moyen termes

Orientations générales	**Orientations plus spécifiques**
- Concrétiser le projet de création d'un Plan d'actions prioritaires pour l'emploi et la formation (PAPEF). - Rationaliser les instruments publics d'appui à l'entreprise et à l'entrepreneuriat - Réinventer la politique de l'emploi, avec comme priorité l'emploi en milieu rural - Élaborer une stratégie nationale pour la transformation locale des productions agricoles, animales et halieutiques - Élaborer une stratégie nationale de mise à niveau des dispositifs de stockage et	- Réorganiser dans une démarche préférentielle le secteur de l'expertise, du Conseil et de la recherche - Porter, sans délais, à plus de 50 % la part de la commande publique réservée au secteur privé national - Approfondir la régulation nationale liée aux activités numériques, à la cybercriminalité et la neutralité du Net - Équiper tous les laboratoires de recherche scientifique du pays de connivence avec le secteur privé, et promouvoir la production technologique, automobile, électronique, informatique, électroménagère, etc. - Créer un fonds spécifique de récompense, d'encadrement et d'appui au développement des

de conservation des productions agricoles - Reprendre, dans le sens de l'améliorer, le projet Sénégal numérique 2025 - Intégrer dans les organes présidentiels un mécanisme de suivi de l'application des législations du travail et du contenu local - Élaborer une politique nationale de valorisation des métiers de domestique, de planton, de ramassage d'ordures, de nettoyage, de gardiennage, de coxeur, etc. - Élaborer une approche Cluster et de partenariat public/privé, centrée sur des objectifs précis de compétitivité et de création d'emplois dans des secteurs ciblés - Maintenir dans les orientations du gouvernement l'objectif de transformation du secteur informel, avec un focus sur la pratique contractuelle ainsi que sur l'accès à la sécurité et à la protection sociales.	innovations, découvertes et inventions des Sénégalais. - Protéger l'industrie et l'artisanat locaux en instaurant des restrictions approfondies d'importations - Réajuster et renforcer les mécanismes d'accompagnement des femmes et des jeunes au leadership, à l'entrepreneuriat et au management - Attacher les économies budgétaires escomptées de la rationalisation de l'action publique à la résorption des besoins de personnels dans les secteurs publics (éducation, santé, défense et sécurité, BTP, nettoyage, assainissement, cadre de vie, etc.). - Suivant une démarche incrémentale vis-à-vis des actions de l'ANIDA, créer des fermes agro-industrielles pilotes (de référence), suivant une approche incubatrice, et initier des actions d'envergure nationale pour faciliter l'accès aux financements aux jeunes et aux femmes. - Adosser les dépenses fiscales au nombre d'emplois créés par les entreprises potentiellement bénéficiaires. - La *garantie d'emploi* est une piste prometteuse de créations

	d'emploi qui doit être creusée pour trouver un modèle de mise en œuvre adapté au contexte sénégalais. - Réorganiser et réguler le secteur de l'immobilier et l'attacher à l'émergence d'un véritable corps de métiers (conciergerie, gardiennage, courtage, vérificateurs, etc.)

Partant d'un diagnostic clair des manquements sur l'*employabilité* des jeunes dans sa première phase, la deuxième phase du PSE a aussi programmé d'importantes actions de rattrapage. Il s'agit, d'une part, de fortifier et pérenniser les mécanismes d'apprentissage en y affectant la contribution forfaitaire à la charge de l'employeur (CFCE). Et, d'autre part, de lancer le Programme de Formation Ecole-Entreprise (PF2E) pour placer l'apprentissage au cœur des relations entre les compétences, l'employabilité, la culture d'entreprise et la productivité. Mais s'il n'y a pas assez d'emplois pour tout le monde, les politiques d'employabilité reviennent, tout au mieux, à une redistribution des horaires ouvrés au sein de la population active. Elles ne tirent pas en elles-mêmes le volume d'emplois vers les niveaux escomptés (Sylla, 2023).

Tableaux 12, 13 et 14 : Condensé des actions phares à prioriser dans chaque secteur

ACTIONS PRIORITAIRES DANS LE DOMAINE AGRO-SYLVO-PASTORAL ET HALIEUTIQUE
- Renforcer l'agriculture familiale en rendant les exploitations plus significatives en termes de rendements d'échelle et en les modernisant vers la professionnalisation. L'agriculture familiale, qui constitue 90 % des exploitations agricoles, est le canal le mieux indiqué pour renforcer la souveraineté et sécurité alimentaires et aller plus loin dans la réduction du chômage et de la pauvreté. - Avec le développement de l'agro-business et les soupçons de spoliation et d'accaparement fonciers, il est urgent d'inventer un modèle de partenariat équitable entre les autochtones et les détenteurs de capitaux pour une exploitation plus optimale des ressources foncières. Ces partenariats sont un excellent tremplin pour résoudre les carences liées aux intrants agricoles et à la maîtrise de l'eau. - L'agrobusiness a un grand rôle à jouer mais il doit être davantage encadré afin d'éviter que les plus forts n'écrasent les petits exploitants. L'idéal est de parvenir à hausser les volumes de production de riz, d'huiles, de fruits et de légumes pour assurer au moins 10 mois d'autonomie de consommation locale à moyen terme. - Réhabiliter les pêcheurs sénégalais dans l'emprise prioritaire qu'ils doivent avoir sur la mer et face à leur affaiblissement endémique par la pêche industrielle des navires étrangers, supportée par la nébuleuse des accords de pêche iniques et défavorables régulièrement signés par l'État du Sénégal depuis des décennies. - Élargir le modèle des zones économiques spéciales (ZES) à l'agriculture et surtout à l'élevage, avec comme cibles les jeunes et femmes porteurs de projets de production animale dans le sens d'atteindre dans le court et le moyen terme l'autosuffisance en intrants et productions avicoles, moutonnières et bovines largement consommées dans les nombreuses cérémonies religieuses au Sénégal.

ACTIONS PRIORITAIRES DANS LE DOMAINE DE L'INDUSTRIE
- Favoriser la production locale de tout ce qui est massivement importé et se lancer, suivant un style protégé, dans la production des biens automobiles, électroménagers, des biens de communication, des supports et accessoires électroniques et énergétiques, des équipements agricoles, etc. - Dans la mouvance de la révolution agricole ainsi fermement enclenchée, instaurer un label sénégalais protégé pour les fruits, les légumes et leurs produits dérivés suivant une démarche renouvelée de spécialisation et d'appui aux transformateurs locaux. - En mettant en avant les Micro, petites et moyennes entreprises (MPME) dans la démarche d'industrialisation, réserver aux entreprises locales un pourcentage minimal de 60 % de la commande publique. L'encadrement social et le suivi rigoureux d'un tel dispositif préférentiel pourraient être assujettis à des créations d'emplois décents de la part de ces MPME sous l'impulsion de l'État. - Promouvoir l'économie et l'emploi verts et amorcer une véritable dynamique d'économie circulaire, en tant que support pour instaurer une toute nouvelle industrie moderne dédiée à la gestion et à la transformation des déchets domestiques et industriels suivant une politique appropriée de recyclage. - L'artisanat dans son acception globale (couture, cordonnerie, tannerie, traitement et usage du cuir, bâtiment, menuiserie, peinture, sculpture, etc.) doit faire l'objet de strictes mesures de protection face à l'arrivée massive de produits en provenance d'Europe et d'Asie. Il a également besoin d'un appui financier spécifique et surtout d'un encadrement technique ciblé notamment sur la qualité et la normalisation des produits suivant les standards internationaux.

ACTIONS PRIORITAIRES DANS LE DOMAINE DU TERTIAIRE
- Réviser en profondeur le projet Sénégal numérique 2025, avec une estimation exhaustive des besoins financiers et une stratégie adéquate de résilience face aux effets néfastes sur l'emploi de la globalisation de l'économie tirée par le digital. - Investir massivement dans l'économie numérique, en créant un observatoire national de la transition numérique et de la lutte contre la fracture numérique. Il faut aussi lancer une vaste opération de conscientisation, de renforcement des capacités et de formation en faveur des populations illettrées. - Ériger en métiers, la dématérialisation et la digitalisation des administrations publiques et privés et basculer dans l'ère du E-gouvernement et de l'usage généralisé des supports digitaux dans le domaine agrosylvopastoral et halieutique. - La digitalisation doit être accélérée dans le secteur touristique qu'il faut maintenant aborder sous l'angle durable et collaboratif, afin de mieux valoriser l'immense potentiel d'emplois dont regorge ce secteur stratégique en mutation. - Rien qu'avec les marchés publics de prestations intellectuelles qui mobilisent chaque année des dizaines de milliards de francs CFA, le contentement vis-à-vis de l'expertise locale et la réorganisation du métier de consultant et de chercheur pourraient générer des dizaines de milliers d'emplois en faveur de l'insertion de beaucoup de diplômés.

La régulation rigoureuse du secteur de l'emploi et la réorganisation des entreprises afin de leur faciliter l'accès aux marchés publics pourraient permettre de stabiliser les emplois existants et de créer des dizaines de milliers d'autres emplois à partir de l'existant. Mais la vulnérabilité financière des MPME sénégalaises est le premier facteur bloquant de leur éligibilité aux marchés publics. L'exécution de ces marchés repose souvent sur des préfinancements que ces petites entreprises peinent à mobiliser. Au même moment, les entreprises marocaines soumissionnaires peuvent compter sur l'accompagnement de la BMCE qui est bien installée au Sénégal. Les entreprises chinoises bénéficient de l'appui du réseau d'Exim Bank Chine et les entreprises européennes peuvent compter sur le réseau bancaire français. Le Sénégal dispose, néanmoins, de plusieurs instruments publics pouvant être des supports d'accompagnement des MPME sénégalaises à l'accès aux marchés publics, notamment le FONSIS, le FONGIB, la BNDE et la DER dont il faudra rationaliser les actions.

Encadré 4 : Généraliser et requinquer l'approche des incubateurs à l'échelle de tout le pays

Dans le cadre de leurs offres de services d'accompagnement à l'insertion, les universités sénégalaises dévoilent de grandes ambitions d'incubateurs mais elles butent sur des problèmes de moyens. Or il est clair que la réussite des stratégies de création d'emplois dépend très fortement de la revigoration et de la généralisation de cette approche des incubateurs avec le soutien de l'État. Les actions en faveur de l'emploi doivent être assorties d'un programme dans ce sens. En ce moment, il existe des modèles assez convaincants parmi lesquels on peut citer[46] :

- **Croissance des technologies de l'information et de la communication (CTIC Dakar)** qui est le premier incubateur sénégalais. Créé depuis près de 10 ans, il propose des programmes d'accompagnement qui ont fait naître plus de 174 entreprises et startups dont 85 % qui existent encore. Il propose aussi un programme post-incubation consacré aux

[46] https://entreprendre.sn/top-5-des-organismes-et-incubateurs-qui-accompagnent-les-nouveaux-entrepreneurs-senegalais/

startups ayant atteint un niveau de croissance justificatif d'une possibilité de développement à l'international.

- **IMPACT HUB Dakar** est un incubateur et un espace de travail collaboratif avec des bureaux à louer. En partenariat avec la Banque Mondiale, Facebook, Sonatel, ainsi que de nombreuses ambassades projetant de faire investissements dans le pays, IMPACT HUB Dakar propose aussi un accès à un fonds d'amorçage et des mises en relation avec des investisseurs.

- **CONCREE** est un incubateur qui accompagne des porteurs de projet de la création jusqu'à la finalisation, de même que la conception, la gestion et le suivi des programmes de soutien à l'entreprenariat des jeunes. Ainsi avec le logiciel d'ERM (Entrepreneur Relationship Management), l'approche de CONCREE aide à gagner du temps et à optimiser les budgets de recrutement et de suivi. Depuis sa création, il a accompagné plus de 250 entrepreneurs.

- **ORANGE FAB Sénégal** est un accélérateur sélectif de startups sénégalaises, lancé par Orange Sn. L'objectif de ce dispositif est d'accélérer le business des startups grâce à un accès au marché d'Orange et de ses partenaires. ORANGE FAB est dédié aux startups sénégalaises qui ont moins de 4 ans d'existence et qui ont développé un service digital innovant. Il offre à chaque startup sélectionnée 10 millions de francs CFA comme fonds d'amorçage et un accès privilégié au APIs d'Orange. Il leur est aussi fourni également un local équipé chez Orange.

- **COFINA Startup House** a été créé par le Groupe COFINA et il est essentiellement orienté vers les télécommunications, l'expertise comptable et la communication. COFINA offre aux startups incubées une large palette de services et de ressources à travers l'organisation de plusieurs formats de rencontres. Il peut s'agir d'ateliers thématiques ou des rencontres avec les investisseurs permettant aux porteurs de projet de se construire un réseau professionnel solide.

CONCLUSION

Le chômage n'est pas une fatalité mais un fléau pour lequel il existe des solutions dans la seule hypothèse que les pouvoirs politiques mobilisent tous les leviers d'ajustements sociaux et économiques qui s'offrent à eux, nonobstant les rigidités du néocapitalisme. Il faut effectivement admettre qu'il ne s'agit aucunement pas d'un problème de moyens de production, ni d'un problème de croissance ou de niveau de richesses. L'économie mondiale est suffisamment balaise pour affronter le chômage. Mais les revenus, qui auraient pu permettre de recruter massivement des travailleurs et les mobiliser sur les nombreux services à l'homme sans réponse, sont capturés dans l'accumulation capitaliste et dans les nébuleuses des systèmes de gouvernance politique. Il s'y ajoute que la révolution numérique et l'intelligence artificielle font de plus en plus remplacer l'homme par l'informatique et les robots. Ces nouvelles mutations ont causé un creusement silencieux du chômage, surtout dans les pays comme le Sénégal qui ont accusé un grand retard ayant limité leur capacité de résistance face à cette révolution. Et si l'on y ajoute tous les capitaux phagocytés par la corruption et les détournements de deniers publics, cela fait un condensé de facteurs très aggravants du chômage.

L'économie numérique et l'intelligence artificielle sont déjà des causes avérées de pertes d'emplois mais elles sont en plus saisies par le capitalisme comme une nouvelle opportunité pour faire davantage de profits et d'accumulation de capitaux. Rifkin (2014) considère, toutefois, que cette troisième révolution industrielle sapera les bases du capitalisme en portant la productivité jusqu'à l'annulation du coût marginal, ce qui va amenuiser les marges bénéficiaires des capitalistes. Les emplois générés par la création et le fonctionnement des technologies auraient toutefois dû suffire pour combler les pertes d'emplois. Mais la question est tout autre pour les pays africains qui sont en train de rater la révolution numérique comme ils ont raté celles de l'industrie au 19ème siècle et de la chimie, de l'électricité et de l'aéronautique au 20ème siècle. Le niveau du chômage est actuellement certes effarant dans les pays sous-développés, mais il a aussi atteint un niveau inquiétant en Occident et dans les pays émergents asiatiques et d'Amérique latine. Le principal paradoxe est qu'il se creuse dans un contexte de croissance économique tirée par les Nouvelles technologies de l'information et de la communication (NTIC). Et suivant la relation de Phillips[47], cette croissance économique aurait dû favoriser de l'emploi en abondance partout dans le monde.

Le chômage reste ainsi l'une des caractéristiques fondamentales d'un régime économique dominé par le capitalisme comme le démontrait déjà Evsey Domar en 1947. L'accaparement de l'essentiel des richesses par le capitalisme dans la répartition primaire des valeurs ajoutées, conjuguée aux autres types d'accaparement soutenus par la corruption, l'oligarchie, les lobbies et les autres pratiques nébuleuses dans les finances publiques, limitent la teneur en emplois du PIB. Le moment est venu de rompre avec le paradigme du Trickle-Down Economics[48], faisant croire que la croissance économique

---

[47] Selon la relation de Phillips (1.1., section 1), la hausse de l'inflation s'accompagne de la baisse du chômage.

[48] En français, ce là est proche de la théorie du ruissellement, qui postule qu'une politique favorisant les revenus des plus riches, notamment par

du tissu productif existant va apporter la solution au chômage (Sylla, 2014). La situation économique actuelle du Sénégal l'illustre. Après une croissance économique moyenne de 3 % de 2006 à 2011, et de 6 % depuis 2012, le taux de chômage est passé de 10,2 % en 2010 à plus de 19% en 2019 (et près de 23 % actuellement). Le Trickle-Down Economics n'est donc pas la bonne piste puisqu'il est un stimulateur efficace de la dynamique capitaliste. Le capitalisme est ainsi démasqué et tous les paradigmes de pensées qui l'accompagnent sont partis pour être révisés en profondeur. Aucun pays africain n'a le droit de rater ce grand rendez-vous de mutations dans les sources d'inspiration scientifique et idéologique qui doivent dorénavant guider les politiques publiques.

Pour faire face au chômage, les pouvoirs politiques n'ont pas tari de programmes en faveur de l'emploi des jeunes. Mais il ressort des travaux théoriques et empiriques que les programmes publics en faveur de l'emploi ont souvent une échelle réduite (UNDP, 2010 ; Dadzie 2013). Au Sénégal la kyrielle d'instruments, de programmes et d'actions contre le chômage, qui ont défilé régime après régime depuis la fin des années 70, n'ont pas généré les résultats escomptés. Et en plus des problèmes psychosociaux liés à l'absence de pouvoir d'achat et à la pauvreté, le chômage est également attaché à d'autres risques sociaux dont les plus redoutés sont la délinquance, l'insécurité et les fortes tentations des jeunes frustrés et désœuvrés à s'engager dans les groupes terroristes qui sont très présents en Afrique de l'Ouest. Il faut des solutions d'urgence pour juguler l'ampleur du phénomène dans le court et moyen termes.

---

une réduction de leurs impôts, profite à toute l'économie à travers le réinvestissement. La puissance du capitalisme s'est nourrie jusqu'à une période récente de cette posture théorique.

Le défi immédiat pour les pouvoirs publics africains est de réinventer ou refonder les bases de la politique d'insertion dans la révolution numérique afin, non seulement de rattraper le retard effarent qui y a été concédé, mais aussi pour jeter les bases d'une bonne dynamique d'adaptation et de mise à niveau technologiques qui est indispensable à l'amorçage d'un sain processus d'industrialisation. Le développement industriel est, en effet, le maillon manquant qui empêche aux pays africains de s'inscrire dans une véritable dynamique d'émergence. Malgré le plan d'action de Lagos de 1982 dont l'objectif principal était l'industrialisation, l'Afrique demeure toujours un réservoir de matières premières et un dépotoir de produits finis, avec les incidences négatives en ce qui concerne ses déficits économiques internes et externes.

Génératrice de l'essentiel des matières premières indispensables à la cuisine économique mondiale, l'Afrique doit tirer le meilleur parti de son utilité économique pour l'humanité en s'extirpant, d'une part, de la fausse image et de la stigmatisation dont elle est toujours restée l'objet. L'Afrique est traitée comme insignifiante dans l'économie mondiale puisqu'elle pèse 4 % dans le Produit mondial brut et 2,1 % dans le commerce international. Mais il s'agit d'un terrible amalgame qui cache la manne importante de richesses qui lui échappent et faisant vivre une bonne partie des habitants de la planète. Si l'Africain est obligé d'accepter une marge de 1 000 francs CFA en cédant un produit vendu ensuite avec une marge de 10 000 francs CFA après transformation en Europe, la richesse générée est de 1 000 FCFA pour l'Africain, 10 000 francs CFA pour l'Européen et 11 000 francs CFA pour le monde entier. L'Africain est donc beaucoup plus contributeur dans l'économie mondiale que l'on essaie de le faire croire. D'autre part, la valorisation sur place des matières premières africaines (agricoles, fossiles) est une base suffisante pour amorcer un véritable processus d'industrialisation.

Au Sénégal, l'industrialisation doit être adossée à une démarche appropriée de fortification du secteur privé national, plus dans le sens complémentaire et synergique que d'antagonisme vis-à-vis des investisseurs étrangers. Les IDE constituent déjà un atout économique majeur puisqu'ils supportent la majeure partie de l'emploi formel. L'autre défi est de mieux corréler la lutte contre la pauvreté, la réduction du chômage et les stratégies de résilience agricole dès lors que la pauvreté est plus grave dans le monde rural où elle se situe à plus de 55 % de la population. Il faut donc maintenir la priorité accordée au secteur agricole qui, au-delà de la souveraineté et de la sécurité alimentaires, doit être le principal socle de l'industrialisation, de la création d'emplois et d'éclosion du potentiel du secteur privé national.

La refondation de l'économie sénégalaise est l'orientation stratégique qui doit supporter les nouveaux dispositifs politiques de lutte contre le chômage. Au-delà des réformes de forme et de fonds qui doivent partir des structures étatiques, du remodelage du climat des affaires et des aspects de régulation sociale et économique de la dynamique d'économie de marché, la refondation aura indispensablement comme corollaire le changement des mentalités à tous les niveaux, surtout sur le plan politique et entrepreneurial[49]. L'État doit, enfin, jouer scrupuleusement son rôle de premier employeur en faisant de la maximisation et de l'allocation optimale de ses ressources le socle de résorption de ses déficits d'effectifs et d'octroi de moyens suffisants à la lutte contre le chômage.

---

[49] Révolution numérique : Par exemple comment ne pas laisser faire l'informatique et les machines qui peuvent être plus courtoises et respectueuses que les humains dans les lieux de travail

Par ailleurs, comme l'a si bien écrit Sylla (2023), un État qui s'engage à une politique de plein-emploi décent ne peut décréter à l'avance un plafond de déficit public. Ses activités de dépense et de taxation doivent plutôt être évaluées en fonction des finalités qu'elles servent et non pas en fonction de critères financiers souvent inadaptés.

RÉFÉRENCES BIBLIOGRAPHIQUES

Ansd, 2018, « *Enquête sur l'emploi, la rémunération et les heures de travail au Sénégal* », EERH, MEFP

Ansd, 2016, « *Recensement Générale des Entreprises* ». RGE, MEFP

Ansd. « *Situation économique et sociale (SES) du Sénégal* », (de 2011 à 2015).

Autor D., 2015, "Why Are There Still So Many Jobs? The History and Future of Workplace Automation ", *Journal of Economic Perspectives*, vol 29, n°3, p. 3-30.

Barro R., 2000, « *Les facteurs de la croissance économique : une analyse transversale par pays* », Economica.

Bousso M., Dramani L. A., 2014, Dépendance économique et demande sociale au Sénégal, *Policy Brief* n°3, CREFAT, 2014.

Chebab I., 2022, Evaluation des stratégies industrielles au Maroc, *Revue Française d'Économie et de Gestion*, Volume 3 : Numéro 9, p.265-289.

Conseil des droits de l'homme des Nations Unies, 2023, « *La garantie d'emploi comme outil de lutte contre la pauvreté* », Rapport du Rapporteur spécial sur les droits de l'homme et l'extrême pauvreté, Olivier De Schutter, Cinquante-troisième session 19 juin-14 juillet 2023.

Dadzie R., B., 2013, “The State, Employer of Last Resort, and Youth Employment: A Case Study of the National Youth Employment Program in Ghana”, in M. J. Murray and M. Forstater (eds), *Employment Guarantee Schemes Job Creation and Policy in Developing Countries and Emerging Markets*, Palgrave MacMillan: 127-143.

Domar E. D., 1947, Expansion and Employment, *American Economic Review,* 37, March 1947, p. 34-55.

Doumbo, S., 2023, *Estimation et financement du déficit de cycle de vie au Mali*, Thèse de doctorat, Ecole Doctorale 2DS, Université Iba der THIAM de Thiès (Sénégal), Novembre 2023.

Fayolle A., 2005, L’entrepreneur entre ordre et désordre, *Alternatives économiques*, n° 065.

Galbraith J. K., 1981, *« Tout savoir ou presque sur l’économie »,* Edition SEUIL, 185 pages

Hathie, I., Wade, I., Ba, S., Niang, A0., Niang, M., Sow, M. K., Ndione, Y., C., Ba, C., O., 2014, « Emploi des jeunes et migration en Afrique de l’Ouest (EJMAO) », Document de travail, IPAR.

IPAR-CNCR, 2023, *« Étude sur la situation de l’emploi des jeunes en milieu rural et capitalisation des différents modèles d’insertions/installations des jeunes dans les différentes chaînes de valeurs agro-sylvo-pastorales et halieutiques au Sénégal comparativement aux modèles français et africains »,* Rapport, Janvier 2023.

Izraelewicz E., 2005, *« Quand la Chine change le monde »,* Le Livre de Poche, 288 pages.

Karl Marx, 1967, *Le capital*, Livre I Tome 1, Traduction par Joseph ROY, parution en juin 2008, Edition Gallimard Collection Folio Essais

Kassé M., 2018, *« Le secteur privé sénégalais. Jambe faible de l'émergence, entre entreprenant et entrepreneurs »*, L'harmattan.

Kassé M., 2013, *« L'industrialisation de l'Afrique est possible : quel modèle pour le Sénégal »,* L'harmattan

Keynes J. M., 1936, *Théorie générale de l'emploi, de l'intérêt et de la monnaie*, Collection Essais - Payot, 496 pages, Traduction publication janvier 2017.

McMillan M., et Rodric D, 2011, *« Globalisation, structural change and productivity growth »,* in M. Bachetta, M. Jansen (dir), *Making Globalisation Sociallly Sustainable*, Genève, World Trade Organisation Publications, p.49-84

Ndiaye E. M., 2022, **«** L'économie sénégalaise face à la Covid-19 : éléments généraux d'analyses et d'appréciation de la résilience avec un focus sur le secteur horticole ». *Revue Internationale des Sciences Economiques et Sociales* (RISES), N°3, Décembre 2022.

Ndiaye E. M., 2021, « Problématiques, enjeux et défis économiques du Plan Sénégal Emergent Post Covid 19 », Dans « *Sénégal Post Covid-19, souveraineté et ruptures* », Sous la Dir. de NDIAYE A. R, GUEYE C., BA C. O. Edition L'Harmattan.

Ndiaye E. M., 2018, *« Quelles alternatives économiques au Sénégal ? une contribution programmatique ».* L'Harmattan. Septembre.

Ndiaye E. M., 2016**,** *« Économie du Sénégal : Revues analytiques transversales ».* L'Harmattan. Juillet.

Ndiaye E. M., 2010, *« L'économie sénégalaise : q enjeux et problématiques »*. L'Harmattan. Novembre.

Ndione B., et Lalou R., 2005, « Tendances récentes des migrations internationales dans le Sénégal urbain : Existet-il une dynamique de quartier ? Les exemples de Dakar, Touba et Kaolack », *Documents de Recherche* n° 1, Marseille, LPED, 30 p.

Paccalet Y., 2006, *« L'humanité va disparaître, bon débarras »,* Paris, Edition Arthaud.

République du Sénégal, 2019, « *Loi n° 2019-04 relative au contenu local dans le secteur des hydrocarbures ».*

République du Sénégal, 2022, *« Loi n° 2022-17 du 23 mai 2022 relative au contenu local dans le secteur minier ».*

Ricardo D., 1817, *"The Principles of Political Economy and Taxation",* London : John Murray, Albemarl-Street. Traduit en français par Francisco Solano Constancio et Alcide Fonteyraud (1847), texte de la 3e édition anglaise (1821). Collection : Œuvres complètes de David Ricardo

Rifkin J., 2014, *« La Nouvelle Société du coût marginal zéro : L'internet des objets, l'émergence des communaux collaboratifs et l'éclipse du capitalisme »,* Traduction française Françoise Chemla et Paul Chemla (2016), Edition Babel.

Sander C. et Barro I., 2003, *« Étude sur le transport d'argent des émigrés au Sénégal et les services de transfert en micro-finance »*, Bureau international du travail, programme de Finance sociale, document de travail, 40.

Schumpeter J.A.,1939, *Business cycles. A Theoretical, Historical and Statistical Analysis of the Capitalist Process,* New York Toronto London : McGraw-Hill Book Company, 461 p.

Sylla N. S., 2023, *Pour un plein-emploi décent en Afrique : réflexions sur la garantie d'emploi*, Document de travail, Fondation Rosa Luxemburg, Dakar.

SYLLA N., S., 2023, *« Pour un plein-emploi décent en Afrique : réflexions sur la garantie d'emploi »*, Document de Travail, Avril, Fondation Rosa Luxemburg, Dakar.

Sylla N. S., 2013, *La question de l'emploi au Sénégal : un bref tour d'horizon*, samedi de l'économie du 2 novembre 2013, Fondation Rosa Luxemburg.

Sylla, N.S.,2009, *Les inégalités de genre sur les marchés du travail des pays en développement : le cas du Sénégal (1992-2002),* thèse de doctorat d'économie.

UNDP, 2010, Employment guarantee policies, *Policy Brief*, issue 2, https://www.undp.org/sites/g/-files/zskgke326/files/migration/latinamerica/Policy-Brief Employment-Guarantee-Policies.pdf

Wagner, A. 1872, *« Fondements de l'économie politique »*. Traduction Léon Polack (1904), publiée sous la direction de Alfred Bonnet, Bibliothèque internationale d'économie politique.

Table des matières

Préface 7
INTRODUCTION 9
Chapitre I
Problématiques et approches théoriques 17
1. Aperçu théorique sur la question du chômage et de l'emploi 17
2. État de la question du chômage et de l'emploi 28
au Sénégal 28
3. Refonder l'économie suivant les exigences 38
de la révolution numérique 38
Chapitre II
Sauvegarder et améliorer l'existant en matière d'activités et d'emplois 63
1. Lever les obstacles à la création massive d'entreprises fortes et pérennes 63
2. Enjeux, défis sociétaux et perspectives de la lutte contre le chômage 79
Chapitre III
Exploiter toutes les niches 105
et tous les créneaux de création d'emplois 105
1. Chronique programmatique en faveur de l'emploi : enseignements et retours d'expériences 106
2. Il faut maintenir la primauté accordée à l'emploi 119
et à la productivité agricoles 119
3. Orientations stratégiques et niches d'emplois exploitables dans le court terme 141
CONCLUSION 163
RÉFÉRENCES BIBLIOGRAPHIQUES 169

Structures éditoriales du groupe L'Harmattan

L'Harmattan Italie
Via degli Artisti, 15
10124 Torino
harmattan.italia@gmail.com

L'Harmattan Hongrie
Kossuth l. u. 14-16.
1053 Budapest
harmattan@harmattan.hu

L'Harmattan Sénégal
10 VDN en face Mermoz
BP 45034 Dakar-Fann
senharmattan@gmail.com

L'Harmattan Cameroun
TSINGA/FECAFOOT
BP 11486 Yaoundé
inkoukam@gmail.com

L'Harmattan Burkina Faso
Achille Somé – tengnule@hotmail.fr

L'Harmattan Guinée
Almamya, rue KA 028 OKB Agency
BP 3470 Conakry
harmattanguinee@yahoo.fr

L'Harmattan RDC
185, avenue Nyangwe
Commune de Lingwala – Kinshasa
matangilamusadila@yahoo.fr

L'Harmattan Congo
219, avenue Nelson Mandela
BP 2874 Brazzaville
harmattan.congo@yahoo.fr

L'Harmattan Mali
ACI 2000 - Immeuble Mgr Jean Marie Cisse
Bureau 10
BP 145 Bamako-Mali
mali@harmattan.fr

L'Harmattan Togo
Djidjole – Lomé
Maison Amela
face EPP BATOME
ddamela@aol.com

L'Harmattan Côte d'Ivoire
Résidence Karl – Cité des Arts
Abidjan-Cocody
03 BP 1588 Abidjan
espace_harmattan.ci@hotmail.fr

Nos librairies en France

Librairie internationale
16, rue des Écoles
75005 Paris
librairie.internationale@harmattan.fr
01 40 46 79 11
www.librairieharmattan.com

Librairie des savoirs
21, rue des Écoles
75005 Paris
librairie.sh@harmattan.fr
01 46 34 13 71
www.librairieharmattansh.com

Librairie Le Lucernaire
53, rue Notre-Dame-des-Champs
75006 Paris
librairie@lucernaire.fr
01 42 22 67 13

www.ingramcontent.com/pod-product-compliance
Lightning Source LLC
LaVergne TN
LVHW021213061026
849535LV00008B/2723
* 9 7 8 2 3 3 6 4 3 3 8 6 8 *